サクッとうかる

日商3級 テキスト【第2版】

商業簿記

桑原 知之

ネットスクール出版

はじめに ～夢を実現するために～

みなさんは、どのような夢を描き、誰のために、何をしたいとお考えですか?

それぞれに、さまざまな答えをお持ちでしょう。そして、その夢を叶えるための『手段』が、日商簿記3級の合格ではないでしょうか。

手段は、目標に対して有効なものでなければなりません。

簿記の学習で有効なのは、理解です。何としても理解が大切です。
「バラバラに仕訳を覚える」という行為は、まず意味がありません。
「勘定科目の持つ意味」、この場面で**「この処理が必要な理由」**を理解して合格してこそ、実務での活躍もさらに上の級の合格も可能になるのです。

本書の章立てをご覧ください。

身近なことで簿記の基礎を学び、現金の収支から収益・費用の処理を経て、一時的な処理や資本の増減に関する処理も、**一連のものとして学べる**ように組み立てています。

長年、講師を努めてきて、この形がみなさんに理解していただくためには、**最良**だと確信しています。

本書との出会いが、夢の実現に繋がり、それがみなさんの周りの人たちの幸せに繋がっていくことを、心よりお祈りしております。

ネットスクール　桑原知之

日商簿記３級について

①日商簿記３級のレベル

　日本商工会議所主催の簿記検定３級（日商簿記３級）は、ビジネスパーソンが身に付けておくべき「必須の基本知識」として、多くの企業から評価される資格です。

　合格するためには、基本的な商業簿記を修得し、小規模企業における企業活動や会計実務を踏まえ、経理関連書類の適切な処理を行うための知識や技術が求められます。

②日商簿記３級の試験

　日商簿記３級は、年３回実施される統一試験（ペーパー試験）のほかに、指定されたテストセンターにあるパソコンを使って随時受験が可能なネット試験（CBT方式）の２種類の方法で受験できます。

　印刷された問題を読んで答案用紙に答えを記入するのか、画面に表示された問題を読んでマウスやキーボードを使って答えを入力するのかの違いはありますが、どちらの試験も同じ試験範囲・難易度で、いずれの形式でも合格すれば「日商簿記３級合格」となります。

	統一試験（ペーパー試験）	ネット試験（ＣＢＴ方式）
試 験 日	年３回（６月、11月、２月）実施	テストセンターが定める日時で随時実施
試験会場	各地の商工会議所が設けた試験会場	商工会議所が認定した全国約100か所（2020年９月現在）の「テストセンター」
申 込 み	各地の商工会議所によって異なります。（試験の概ね２か月前から１か月前に受付）	インターネットを通じて申込み。（３日前まで申込み可能）
試験時間	60分	
合 格 点	100点満点中70点以上で合格	
合格発表	各地の商工会議所によって異なります。（概ね２週間程度で発表）	試験終了後、即時採点され結果発表。
受 験 料	2,850円（税込）※別途手数料が発生する場合があります。	2,850円（税込）※この他、事務手数料550円が別途発生します。

　最新の情報については日本商工会議所の検定試験公式サイトや、各地商工会議所のホームページ（統一試験）、株式会社CBT-Solutionsのホームページ（ネット試験）もご覧ください。

【日本商工会議所 簿記検定公式ページ】

https://www.kentei.ne.jp/bookkeeping

必ずつけよう　合格カレンダー

　いつでも受験できるネット試験に向けての学習は、スケジュール管理がとても大切です。カバー裏の『合格カレンダー』を活用して計画的に学習しましょう。

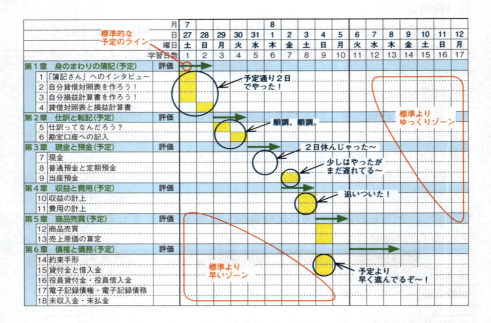

合格カレンダーの作り方

①日にちを入れよう

　学習をスタートする日の月日、それ以降の日にちや曜日を入れていきましょう。

②マーカーで色を塗ろう

　学習が終わったら、その日の欄に色を塗り、ＡＢＣ評価を書いていきましょう。

　　　Ａ：大丈夫理解できた
　　　Ｂ：ちょっと不安
　　　Ｃ：ヤバイわからない

　また、答案練習の評価欄には、得点に合わせて記入しましょう。

　　　Ａ：70 点以上
　　　Ｂ：50 点〜 69 点
　　　Ｃ：50 点未満

　評価をマーカーの色で分けるのも一案です。

　　　Ａ：緑のマーカー
　　　Ｂ：黄色のマーカー
　　　Ｃ：ピンクのマーカー

③復習しよう

　Ｂ評価はできるだけ、Ｃ評価は必ず復習しましょう。
　復習した日には、マーカーを塗るなどして評価アップを確認しましょう。

　※答案練習以外のＢ評価は、答案練習で補えるので「そのままにしておく」
　　のも１つの選択です。

学習計画の立て方

1．ネット試験に向けた学習計画

ネット試験は「**いつでも受験できる試験**」です。しかしこれは「**いつまでたっても受験しない**」に繋がってしまいます。
きちんと受験時期の目標を立てて計画的に学習しましょう。

①勉強時間を作ろう

まず、1週間の時間の使い方をチェックしてみましょう。
このとき、1時間以上のまとまった時間だけではなく、10分くらいのスキマ時間を見つけることも大切です。移動時間やSNSに使っている時間を勉強に回せないかも確認しましょう。

②目標とする受験日を決めよう

次に、「ちょっと頑張れば達成できる」くらいのタイミングで、目標となる受験時期を決めましょう。
カバー裏の『**合格カレンダー**』に、標準的な学習日程を示しておきました。
本書の学習期間中は、平日は1日1時間、週末は2時間くらいを想定しています。ただ、答案練習をする最後の1週間は1日2時間くらい学習してください。

2．統一試験（ペーパー試験）に向けた学習計画

統一試験は、年3回の決まった日（6月第2日曜日、11月第3日曜日、2月第4日曜日）に全国一斉に実施されます。したがって、この年3回のチャンスに合わせて学習計画を立てる必要があります。
統一試験もネット試験と同様の内容で出題されますので『**合格カレンダー**』を活用して学習を進めていってください。

簿記は特別な知識

　簿記の学習を突き詰めていくと、**税理士**、**公認会計士**といった「士業（サムライ業）」につながるばかりか、そこまで突き詰めなくても、考え方さえしっかりと身に付けておけば、**ビジネスで活用できる**知識になります。

本書のコラムには、社会人に必要な数的感覚を扱うものを数多く掲載し、実務にも役立つようにしています。

　日商簿記3級の合格後、どのような世界が広がっていくかを図にしておきましたのでご覧ください。

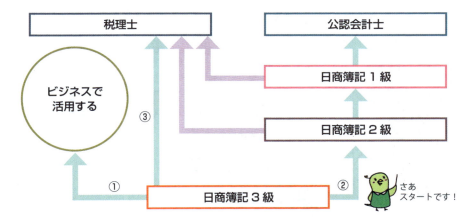

日商簿記3級：商業簿記の基礎を学びます

①ビジネスでの基本思考が身に付くので、経験を積むことで徐々にレベルを上げていくことができるでしょう。

②日商簿記3級を学んだ後に、多くの人が日商簿記2級を目指しています。

③日商簿記2級から税理士を目指すことが一般的ですが、工業簿記の存在や連結会計の出題を考えると、日商簿記3級から直に税理士試験に進むことも考えられます。

本書の特徴

現在の出題内容に完全対応
　2020年12月よりネット試験が実施され、出題範囲は変わらないものの出題内容は変わってきています。それらの内容にも対応した書籍です。

フルカラーのテキスト

テキストはフルカラー。直感的に理解出来ます。

内容理解はこの1冊でOK！

簿記では「初回のアウトプットはインプットの内」と言われています。

つまり、簿記の学習は、「アウトプット（基本問題を解くこと）をしないとインプット（知識修得）は完了しない」ということを意味しています。そこで、基本知識を学ぶとすぐに基本問題を解けるようにしました。

理解のためのツーステップ式！

　テキストで学んだ内容は、基本問題で確認してこそ理解できます。本書はテキストと基本問題のツーステップ式となっています。

$$\boxed{\text{テキスト}} + \boxed{\text{基本問題}}$$

　基本問題は、各節のゴールとなる問題という意味で、テキストの節末に配置しています。

> **基本問題⑭　固定資産**　　　　　　　　　　　解答…P314
>
> 　下記の各取引について仕訳しなさい。
> 1．決算にあたり、当期首に取得した建物（取得原価 900,000 円）について、残存価額をゼロ、耐用年数を 30 年とする定額法により減価償却を行う。なお、間接法によること。
> 2．期首より 6 か月経過したのち、建物（取得原価 900,000 円、減価償却累計額 750,000 円、残存価額ゼロ、耐用年数 30 年、減価償却の計算は定額法、間接法で記帳）を 85,000 円で売却し、代金は現金で受け取った。なお、会計期間は 1 年間であり、減価償却の計算については月割計算による。
> 3．建物の外壁を断熱化したさいに、壁のひび割れも修理し、代金は月末に支払うこととした。工事の総額は 300,000 円であり、このうち 40,000 円がひび割れの修理のためのものである。
> 4．新入社員用の物品を購入し、品物とともに次の請求書を受け取り、代金は後日支払うこととした。

内容についての確認問題です。理解度をチェック。

　準拠問題集『サクッとうかるトレーニング』もご活用ください。
　多くの問題を解くことでそれぞれの問題に対して慣れていき、手早く解けるようになります。
　60 分という短時間の試験になりますので、本試験レベルのスピードにまで引き上げる準拠問題集の活用をおすすめします。

脳の仕組みと学習方法 ～脳科学の成果より～

考えるのも脳なら、記憶するのも理解するのも、また脳の働きです。
近年の研究の成果で、脳の仕組みが明らかになってきました。
脳の特徴を知って学習に役立てましょう。

脳の特徴１：丸暗記できるのは中学生ぐらいまで

高校生ぐらいになると、脳は「理解しないと記憶しづらい」理解型に変わっていきます。
大人が学習するには、何よりも理解が大切です。

脳の特徴２：使うから記憶する

脳は、頻繁に使う知識を重要な知識だと認識し、記憶に留めようとします。
つまり、問題を解くことで記憶に残るのです。
本書は、節ごとに基本問題を入れて知識の確認を通じて記憶していただけるように制作しています。

脳の特徴３：寝ている間に整理する

脳は寝ている間に、今日起きたことの意味や内容を整理してくれるそうです。
ですから、寝る前の学習は学んだ内容を整理してくれるだけでなく、翌日の学習も始めやすくなるので効果的です。

脳の特徴４：緊張感があると頭に入りやすい

「時間が制限されている」といった緊張感があると集中して頭に入りやすくなります。
朝の出勤前の時間や、昼休みの時間を活用して効果的に学習しましょう。

脳の特徴５：描いた姿が実現されてゆく

合格した後の成功した自分の姿を描くと、それが実現する方向へ向かっていくそうです。
勉強につまづいてしまったら、勉強を始めたときの自分を思い返してみましょう。

また、これは私の経験からですが、「忘れることを恐れると頭に入ってこなくなる」ように思います。人は忘れる生き物です。
「**忘れることを恐れない**」ことも重要だと思います。

サクッとうかる日商3級　商業簿記　テキスト

contents

第0章 簿記の自己紹介

① 「簿記さん」へのインタビュー 2

第1章 身のまわりの簿記

② 自分貸借対照表を作ろう! 6
③ 自分損益計算書を作ろう! 14
④ 貸借対照表と損益計算書 21

第2章 仕訳と転記

⑤ 仕訳ってなんだろう? 26
⑥ 勘定口座への記入 35

第3章 現金と預金

⑦ 現金 42
⑧ 普通預金と定期預金 45
⑨ 当座預金 47

第4章 収益と費用

⑩ 収益の計上 56
⑪ 費用の計上 58

第5章 商品売買

⑫ 商品売買 70
⑬ 売上原価の算定 92

xii

第6章 債権と債務

⑭ 約束手形 102
⑮ 貸付金と借入金 109
⑯ 役員貸付金・役員借入金 116
⑰ 電子記録債権・電子記録債務 119
⑱ 未収入金・未払金 123

第7章 固定資産

⑲ 固定資産 128

第8章 一時的な処理

⑳ 仮払金と仮受金 144
㉑ 立替金と預り金 149
㉒ 法人税等 155
㉓ 消費税 159
㉔ 現金過不足 165

第9章 試算表

㉕ 試算表の作成 176
㉖ 誤処理の訂正 182

第10章 株式の発行・利益の計上・配当

㉗ 株式会社の設立 188
㉘ 帳簿の締切り 192
㉙ 株主への配当 197

第11章 精算表・財務諸表

- ㉚ 決算手続き 204
- ㉛ これまでの決算整理 206
- ㉜ 当座借越の計上 208
- ㉝ 貸倒れの処理と貸倒引当金の設定 211
- ㉞ 費用の前払い 220
- ㉟ 収益の前受け 222
- ㊱ 費用の未払い 224
- ㊲ 収益の未収 226
- ㊳ 再振替仕訳 229
- ㊴ 精算表の作成 233
- ㊵ 損益計算書と貸借対照表の作成 240
- ㊶ 月次決算 252

第12章 帳簿

- ㊷ 主要簿の記帳 258
- ㊸ 現金・預金に関する帳簿 264
- ㊹ 商品に関する帳簿 274
- ㊺ 債権・債務に関する帳簿 282
- ㊻ 固定資産台帳 289

第13章 伝票

- ㊼ 伝票会計 294

基本問題　解答

問題1〜問題42 308

簿記の自己紹介

　『簿記の世界を学ぶ』などというカタイ話はやめておきましょう。
　簿記なんて、「世界を学ぶ」というような大そうなものではなく、もっともっと身近で、もっともっと日常的に気楽につきあうべきものです。

　でも、**ひと度これを活かして使えるレベルになれば**…。
　みなさんが、よりよい社会生活を送っていく上で、とても重要な思考方法になるばかりか、この学習を突き詰めていけば、**税理士**や**会計士**といった**職業会計人**として、**相手先に「ありがとう」と言ってもらいながら収入が得られる**という素晴らしい仕事にもつながっていきます。

　さあ、まずは『**簿記の自己紹介**』気軽に見てやってください。

ここは内容を理解するような話ではありません。
まずは、簿記の生い立ちを眺めておきましょう。

まず「簿記さん」のプロフィールを聞いてみましょう

1 第0章 「簿記さん」へのインタビュー

あなたは、いつ、どこで生まれたのですか？

　生まれたのはもっと前なのですが、大航海時代を迎えた15世紀、イタリアの数学者**ルカ・パチョーリ**さんがまとめてくれて、みんなが使えるようになりました。

経済活動の規模が大きくなって、どうしても必要となって作られたものです。

いつ日本に来たの？

　明治維新の頃、**福沢諭吉**さんが「経済の発展のために必要だから」って言って連れて来てくれて、日本では『**帳合之法**』という本になって広まりました。

事実として、アジアでは簿記が先に導入された日本、台湾、韓国から発展しました。

なぜ「簿記」っていうの？

　よくはわからないんだけど「**帳簿記入**」の略だっていう説や、英語で簿記を意味する「**Bookkeeping**」が日本語になったという説があります。

確かに行為としては「帳簿への記入」ですが、使いみちはもっともっと広くて"経済活動の基本的な考え方"です。

ところで、どうして帳簿に記入しないといけないの?

　　人間は無限に覚えてはいられないですよね。
　　まずは「何のために、いくら使ったのか」をしっかり記録しておかないと、「**それでよかったのか?**」とか「**次はどうしよう?**」って考えられないですよね。

簿記で出て来た数字は、会社の未来を考えるときの基礎になり、大きな力を発揮します。

具体的にどうやって帳簿に記入するの?

　　簿記では、決まった単語と金額で記入します。
　　こうすることで、単語ごとに金額を集計できるので、1か月、1年といった期間での状況の把握もできるようになります。

決まった単語は「現金」や「土地」といった簡単な日本語で、簿記ではそれらを総称して「勘定科目」といいます。

最後にひと言

　　私がとっても大切にしていることは、1か月、1年といった期間での正しい利益を計算することなんです。
　　"**期間での正しい利益を計算する**"ということを意識してつきあってくれると、私のことをわかってもらえると思います。よろしくお願いします。

トレーニング　基礎編の問題1を解いてみよう!

コラム　行動が動機を生む

　私の好きな言葉の１つに「行動が動機を生む」という言葉があります。

「何を言っているんだ！動機があるから行動を起こすに決まっているだろ！」と叱られそうですが、私は逆だと思っています。

　人間、物事を始めるときなんて、遠い未来が見渡せるわけもないし、そのことの意味もわからないので"かっこいいから"とか、"儲かるといいな"くらいの軽くて、ちょっと不純なくらいの気持ちだと思います。

　しかし、一生懸命にやっていくうちに、やっていることの意味がわかってくる。

　こうして得た動機には、自分の人生や他人への優しさ、社会貢献といった尊いものが含まれ、強い強い動機になっている。

　これが本物の動機。だから「行動が動機を生む」だと思うのです。

身のまわりの簿記

みなさんのまわりや**日常**を『**簿記**』という視点で見てみましょう。
　どれだけ稼いでどれだけ使い、どれだけのモノを持っていて、返さなければならない金額はいくらなのか。
　そして、それから何が見え、今後どうしていくべきなのか。
　そういった思考の根拠になってくれるのが、この章で学ぶ貸借対照表や損益計算書です。

　簿記なんて、**取引を「資産」「負債」「資本」「収益」「費用」の5つに分け、その増減を記録していく、ただそれだけのこと**。大して厄介なものではありません。
　さあ、はじめていきましょう！

もう少し細かく言うと、
資本の増加要因が「収益」、減少要因が「費用」と言われます。

みなさんの財産の状況は？

自分貸借対照表を作ろう！

簿記という視点

「簿記」というと、何か特別なことをするかのように考えてしまいがちですが、そのようなことはありません。

まずは、みなさんの日常の生活を「**簿記という視点**」に立って考えてみましょう。そこには、いろいろな発見があります。さあ、簿記の世界を少しのぞいてみましょう。

持っているものが資産

「**あなたは、どのような資産を持っていますか？**」と聞かれると、みなさんは財布の中の現金や銀行の預金などを思い浮かべるかもしれません。しかし、資産はそれだけでしょうか？

電化製品はもちろんのこと、住宅や車などをお持ちの方もいらっしゃることでしょう。

これらのすべてが、あなたの資産ということになります。「**持っていてプラスになるもの**」、これが資産です。

また、資産の多くは、以前に買ったものでしょうから、「**金額をつけることができる**」でしょう。

では、「**自分が持っているもの**」の金額を書き出してみましょう。

現　　　金	円	預　　　金	円
電 化 製 品	円	住　　　宅	円
車	円	そ の 他	円

この金額の合計がみなさんの資産の合計額です。

持っていても資産ではないもの

「どのような資産を持っていますか?」と聞かれて、免許や資格を持っていると思われた方もいらっしゃることでしょう。

しかし、これらは、「持っていてプラスになるもの」ではありますが、売却することも金額をつけることもできないため、資産ではありません。

資産の具体例

簿記上の資産には、例えば、次のものがあげられます。

┌─────────────────────────┐
　　　　　　　資 産 の 例
├─────────────────────────┤
現　　金：所有している硬貨・紙幣など
預　　金：普通預金、定期預金など
建　　物：店舗、倉庫など
備　　品：パソコン、事務用机・イスなど
└─────────────────────────┘

7

返さなければならないものが負債

「**あなたが返さなければならないもの**」には、どのようなものがありますか？
　住宅や車のローンがある、家族に借金がある、奨学金の返済が残っているという方もいらっしゃることでしょう

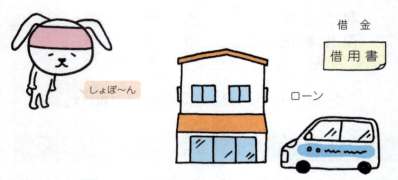

借りているもの、これから支払わなければならないものなどです。

　「**これから支払わなければならないもの**」のすべてが負債（ふさい）ということになります。では、「**自分が返さなければならないもの**」の金額を書き出してみましょう。

住宅ローン	円	奨学金の残高	円
借　　金	円	そ　の　他	円

　この金額の合計がみなさんの負債の合計額です。

負債の具体例

簿記上の負債には、例えば、次のものがあげられます。

```
            負 債 の 例
未払金：車などの代金の後払い
借入金：他人からのお金の借入れ
```

自由に使うことができるものが資本

「**自由に使うことができるお金はいくらありますか？**」と聞かれると、みなさんはどのように考えるでしょうか？

住宅や電化製品などの資産は、売れば自由に使うことができるお金になります。一方、ローンや借入れなどの負債は、いずれ返済しなければならないため、自由に使うことができるお金から差し引かないといけません。

つまり、資産が1,000万円あっても、負債が700万円あれば、自由に使うことができるお金は300万円ということになります。

この資産と負債の差額の300万円が資本であり、「**自分が自由に使うことができる元手**」ということになります。

Point ▶ 資　産－負　債＝資　本
　　　　　資　産＝負　債＋資　本

　以上の関係から、**資産、負債および資本を、一覧表にしたもの**を　**貸借対照表**といいます。

自分貸借対照表を作ろう

　貸借対照表のボックス図の**左側に資産**、**右側に負債**を記入してみましょう。ボックス図の**左側と右側の差額が資本**になります。これで、自分貸借対照表の出来上がりです。

資本は、貸借対照表上「純資産」ともいわれます。

　みなさんの貸借対照表は、どのような貸借対照表になったでしょうか？
　「資産が多くて負債が少ない貸借対照表」であれば現在の家計は安心、逆に、「資産が少なくて負債が多い貸借対照表」であれば将来がちょっと不安、ということが実感できたのではないでしょうか？

貸借対照表は資産・負債・資本の一覧表

「あなたの財産の状況を聞かせてください」と聞かれたら、もう、みなさんは資産だけでなく、負債や資本についても答えることができるでしょう。

貸借対照表は、「**一定時点における会社の財産の状況を一覧表で示したもの**」であり、「あなたは、何をいくら持っていて、誰にいくら返さなければならないのですか？」という問いかけに対する答えでもあるのです。

貸借対照表の特徴

貸借対照表は、**会計期間**(かいけいきかん)(通常1年間)の最終日における財産の状況を示します。また、左側に資産、右側に負債および資本を記入します。

左側〔＝資産〕の金額と右側〔＝負債＋資本〕の金額は必ず一致します。資本は、資産と負債の差額なので当然ですね。

また、貸借対照表は**左側と右側の金額が一致(バランス)する**ことから、「**Balance Sheet**(バランスシート)：**B／S**」ともいわれます。

貸 借 対 照 表
×年×月×日

現 金	100万円	借 入 金	400万円
預 金	200万円	未 払 金	300万円
建 物	500万円	資 本 金	300万円
備 品	200万円		

「○○金」の金は、「お金」という意味ではなく、「金額」という意味になります。
借入金⇒借り入れている金額

ホームポジションと帳簿記入のルールを知ろう

　　貸借対照表では、**資産は左側、負債と資本は右側**に示します。これが、それぞれの項目の**ホームポジション**です。

　　上記の貸借対照表では、現金を 100 万円持っていることを示していますが、これは、一時点における金額にすぎません。

　　つまり、現金を受け取ったり、支払ったりすれば、持っている現金の金額は変わります。

　　このような**金額の増減を帳簿に記入**するとき、どのようなルールにもとづいて行われるのでしょうか？

　　資産である現金を例にとると、現金のみの増減を記録する帳簿を設けて、**現金が増加した場合**には、その**帳簿の左側（ホームポジション）に記入**し、**現金が減少した場合**には、その**帳簿の右側（ホームポジションの反対側）に記入**します。

　　負債と資本は、資産とは逆になり、**増加した場合**には、その**帳簿の右側（ホームポジション）に記入**し、**減少した場合**には、その**帳簿の左側（ホームポジションの反対側）に記入**します。

資産の増加←左側	右側→資産の減少
負債の減少←左側	右側→負債の増加

この帳簿をみれば、会計期間の最終日に、資産や負債がいくらあるのかわかります。その金額を貸借対照表に記入します。

詳しくは、第2章で学習します。まずは、次の図でイメージをつかんでください。

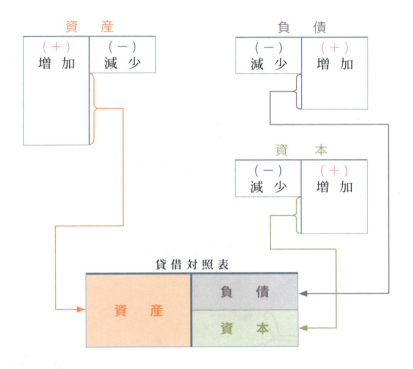

 資産のホームポジションは左側、
負債および資本のホームポジションは右側です。

みなさんの儲けの明細は？

自分損益計算書を作ろう！

どのように儲けているのか？

みなさんの自分貸借対照表は、どうでしたか？

貸借対照表は、みなさんの一定時点における財産の状況をみせてくれます。しかし、みなさんが**どのように儲けているのか**（自由に使うことができる元手を増やしているのか）、という明細を示してはくれません。そこで、**損益計算書**の登場です。今度は、みなさんの儲けをみてみましょう。

どれだけ稼いだのかを示すものが収益

「**どれだけ稼ぎましたか？**」と聞かれると、みなさんは、働いて得た給料、預金につく利息などを考えるでしょう。

最終的に現金という**資産の増加に結び付く**ものが**収益**なのです。

では、みなさん、ここに今月、自分が「稼いだもの」を書き出してみましょう。

給　　　料　　　　　　円　　預金の利息　　　　　　円
そ　の　他　　　　　　円

14

収益は元手(資本)が増える要因

宝くじをイメージしてみてください。

例えば、1枚300円の宝くじを10枚買って、10,000円当選したとしましょう。この10,000円が**どれだけ稼いだのかを示すもの**であり、**収益**になります。

3,000円が10,000円となって戻ってきたので、結果として、次に買う宝くじの元手が7,000円増えたことになります。

つまり、収益は元手である「**資本の増加要因**」なのです。

収益のホームポジションは右側

収益は資本の増加要因なので、資本と同じく、右側がホームポジションとなります。つまり、収益を記録する帳簿を設けて、**収益が増加した場合**には、**帳簿の右側**(ホームポジション)**に記入**し、**収益が減少した場合**には、**帳簿の左側**(ホームポジションの反対側)**に記入**します。

 収益の減少←左側　　右側→収益の増加

収益の具体例

簿記上の収益には、例えば、次のものがあげられます。

─── 収 益 の 例 ───

売　　上(うりあげ)：商品を販売することによって得た稼ぎ
受取利息(うけとりりそく)：預金の利息などを受け取ることによって得た稼ぎ

収益の科目には「**受取○○**」と前に「受取」と付くものや、「**○○益**」と後に「益」が付くものが多くあります。

稼ぐためにかかったものが費用

「稼ぐためにかかったものは？」と聞かれると、みなさんは、支払った家賃、水道光熱費、交通費などを考えるでしょう。

最終的に現金という**資産の減少に結び付くもの**が**費用**なのです。

では、みなさん、ここに今月、自分が「**お金を稼ぐためにかかったもの**」を書き出してみましょう。

家　　　賃	円	水道光熱費	円
交　通　費	円	そ　の　他	円

費用は元手(資本)が減る要因

宝くじの例に戻りましょう。1枚300円の宝くじを10枚買ったとき、3,000円の元手が減ります。この3,000円が宝くじの当選金を**稼ぐためにかかったもの**であり、**費用**になります。つまり、費用は元手である「**資本の減少要因**」なのです。

費用のホームポジションは左側

　費用は資本の減少要因なので、資本とは逆になり、左側がホームポジションとなります。つまり、費用を記録する帳簿を設けて、**費用が増加した場合には、帳簿の左側（ホームポジション）に記入**し、**費用が減少した場合には、帳簿の右側**（ホームポジションの反対側）**に記入**します。

 費用の増加←左側　　　右側→費用の減少

費用の具体例

　簿記上の費用には、例えば、次のものがあげられます。

費 用 の 例

売上原価（うりあげげんか）：販売した商品の原価
　　　　　　　原価80円の商品を100円で販売した場合の80円
支払家賃（しはらいやちん）：店舗などを賃借（ちんしゃく）している場合に支払う家賃
水道光熱費（すいどうこうねつひ）：電気・水道・ガス代
旅費交通費（りょひこうつうひ）：電車代、タクシー代など

 費用の科目には「支払○○」と前に支払と付くものや、「○○費」「○○料」「○○損」といった後に「費」「料」「損」が付くものが多くあります。

最終的な儲けは資本の増加

「結局、どれだけ儲けましたか？」と聞かれると、収益と費用について理解したみなさんは、「**収益から費用を差し引いたもの**」だとわかるでしょう。宝くじの例では、7,000円が儲けとなります。

つまり、**収益から費用を差し引いたものが儲け**であり、**利益**となります。そして、収益は資本の増加要因、費用は資本の減少要因なので、差額である利益は、**資本の増加**を意味します。

Point ▶ 収 益 － 費 用 ＝ 利 益（資本の増加）

収益と費用の関係から利益を示す表を**損益計算書**といい、「**Profit and Loss statement**」を略して、**P/L** ともいわれます。

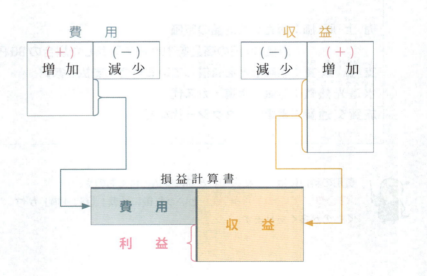

自分損益計算書を作ろう

　資本の増加要因である収益を右側に、減少要因である費用を左側に書いてみましょう。

　「**収益＞費用**」であれば、**収益と費用の差額が**「**利益**」となり、逆に、「**収益＜費用**」であれば、**収益と費用の差額が**「**損失**」となります。これで、自分損益計算書の出来上がりです。

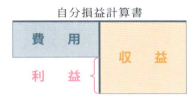
自分損益計算書
＊　収益＞費用の場合

自分損益計算書
＊　収益＜費用の場合

　みなさんの損益計算書は、どのような損益計算書になったでしょうか？

　利益であれば、その分だけ資本が増え、損失であれば、その分だけ資本が減ることになります。

損益計算書は一定期間における儲けの明細書

　損益計算書は、「**一定期間における儲けを詳細に示したもの**」であり、「一定期間内にいくら儲けましたか？」という問いかけに対する答えでもあるのです。

損益計算書の特徴

　損益計算書には、「〇月〇日から×月×日まで」という会計期間（通常1年間）が設定され、その期間に発生した**収益を右側**に、**費用を左側**に記入します。そして、収益と費用の差額が、その期間の「**利益**」または「**損失**」となります。

損 益 計 算 書

〇月〇日から×月×日まで

売 上 原 価	600万円	売　　　　上	980万円
支 払 家 賃	200万円	受 取 利 息	20万円
水 道 光 熱 費	60万円		
旅 費 交 通 費	40万円		
利　　　　益	100万円		

＊　収益＞費用の場合

損 益 計 算 書

〇月〇日から×月×日まで

売 上 原 価	700万円	売　　　　上	880万円
支 払 家 賃	200万円	受 取 利 息	20万円
水 道 光 熱 費	60万円		
旅 費 交 通 費	40万円	損　　　　失	100万円

＊　収益＜費用の場合

最終的な儲けはどこにいく？

貸借対照表と損益計算書

貸借対照表と損益計算書の関係は？

一定時点における財産の状況を示す「**貸借対照表**」と、一定期間における儲けの詳細を示す「**損益計算書**」の、それぞれの構造がイメージできたと思います。

それでは、貸借対照表と損益計算書は、どのような関係を持っているのでしょうか？

期首・期中・期末

現在の会計期間(通常1年間)を**当期**といい、その最初の日を**期首**、最後の日を**期末**といい、その間を**期中**といいます。

なお、期末に決算を行い、貸借対照表や損益計算書を作成することから、期末の日を**決算日**ともいいます。

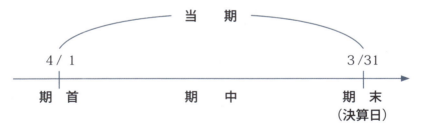

当期の1つ前の会計期間を「**前期**」、当期の1つ後の会計期間を「**次期**」または「**翌期**」といいます。

貸借対照表と損益計算書の関係

　当期の期首における貸借対照表は、資産1,000万円、負債700万円、資本は300万円であったとしましょう。
　期中の活動の結果、収益は500万円、費用は400万円とすると、当期の利益は、収益と費用の差額100万円（＝500万円－400万円）となり、当期の損益計算書に示されます。
　当期の利益は、資本を増やすことになり、当期の期末における貸借対照表は、資産1,100万円、負債700万円、資本は400万円（＝300万円＋100万円）となります。

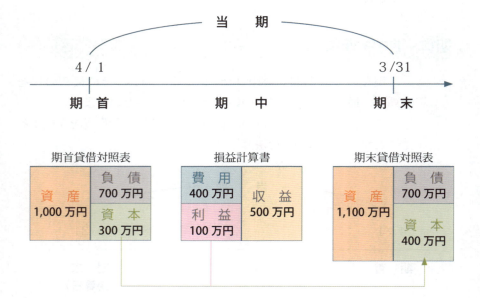

　期末の資本は、「**期首における資本に当期の利益を加えた金額**」になります。

当期に損失を計上すると、資本は減少します。

利益の算定方法

利益の算定方法には**①損益法**と**②財産法**の２つありますが、３級の範囲内であればどちらを用いても当期純利益の金額は同じになります。

①損益法

当期収益　－　当期費用　＝　当期純利益
500万円　－　400万円　＝　100万円

②財産法

期末資本　－　期首資本　＝　当期純利益
400万円　－　300万円　＝　100万円

基本問題① 利益と資本の関係

解答…P308

次の表の（　）内に適当な金額を記入しなさい。

答案用紙

(1) （単位：円）

	当期の収益	当期の費用	当期の利益
A社	242,000	192,000	(　　　)
B社	180,000	(　　　)	35,000
C社	(　　　)	220,000	60,000

(2) （単位：円）

	期首の資本	当期の利益	期末の資本
A社	250,000	(　　　)	300,000
B社	(　　　)	35,000	225,000
C社	315,000	60,000	(　　　)

トレーニング　基礎編の問題２～４も解いておこう！

| コラム | 人間貸借対照表論 |

　人は裸で生まれてきて、自分の力で歩み始める。そして就職し、働くことを覚える。

　第1段階は、誰しもが体1つを資本としての出発である。
　貸借対照表でいうと、できたばかりの会社、つまり資本金 (＝体) だけがあり、その分の資産しかない状態である。

　そしてその人が頑張り始めると、第2段階に入っていく。そうすると頑張った分で少しずつ経験を積み、小さいながらも自信が持ててくるようになる。損益計算書でいうと、努力 (＝費用) よりも成果 (＝収益) が大きくなり利益が出はじめた状態。
　そして貸借対照表でいうと、損益計算書で上がった当期純利益の分 (＝自信) が貸借対照表の純資産 (＝自己資本) に加わり、元手 (その人の中身、価値) が少しだけ増える。

　さらに、周りのことを思って頑張っていくと、今度は周りがその人を信用し始める。
　これが第3段階。周りからの信用は、『君に任せた』という言葉とともに、相手の人の資産を預かって、自分が運用することになる。貸借対照表でいうと、他人資本 (＝負債) の発生である。そうしてその信託に応え、きっちり運用して返していくと、別の人がそれを見ていて『君は信用できる』と、さらに大きな資産を預けてくれる。
　つまり貸借対照表でいうと、負債が発生して、借方や貸方の合計額 (＝その人が運用できる範囲) が格段に大きくなり、発展してきた状態を示している。このまま他人の信用を大事にして発展しつづけないといけない。

　逆に、ちょっとサボって信用に応えない (＝負債を返さない) と周りはそれを敏感に察知し『返さないやつに貸すなんてとんでもない』と、もう二度と資産を預けてくれなくなる。このときに、また体1つに戻って頑張れればいいが、そうでないと倒産、破滅ということになる。
　信用は何よりも大事にしなければいけない。
　これが、私の知人が教えてくれた「人間貸借対照表論」です。

仕訳と転記

　ビジネスをしていく上では、いろいろな場面があります。
　それを「いらないパソコンをほかした(関西の方言で「捨てる」という意味です。)」などと記録したのでは、同じことをしても人によって表現が異なるでしょうし、意味を取り違える可能性さえありますね。
　そこで簿記では、同じ取引は誰が行っても**同じ記録になるように、ルール化されています**。このルールが「仕訳」です。

　ただ、このルールも決して難しいものではありません。
　1つの取引を右と左の要素に分け、資産と費用は増えたら左、減ったら右。負債、資本と収益は増えたら右、減ったら左。ということだそれだけのことです。
　さあ、始めましょう。

ちなみに「転記」は帳簿から帳簿に書き移すことです。

取引を記録しよう

5 第2章 仕訳ってなんだろう？

帳簿の記入にはルールがある

　第1章では、貸借対照表および損益計算書という、活動の結果を示したものを中心にみてきました。資産・負債・資本・収益・費用の各項目にはホームポジションがあり、**増加した場合には帳簿のホームポジション、減少した場合にはホームポジションの反対側に記入する**ことを学びました。

　ここで、具体的な帳簿記入の方法をみていきましょう。

増えたとき、減ったときに仕訳を行う

　資産・負債・資本・収益・費用が増えたとき、減ったときに、簿記では**仕訳**という作業を行います。また、仕訳を行う前提となる出来事を**取引**といいます。

　つまり、**資産・負債・資本・収益・費用の増減が生じる出来事を取引**といい、**取引について、簿記では仕訳を行う**のです。

資産・負債・資本・収益・費用が増減する出来事が
「簿記上の取引」になります。

勘定科目を用いる

　「資産が増えた」というだけでは、現金が増えたのか、備品が増えたのか、わかりません。また、「収益が増えた」といっても、商品を売った場合と、預金の利息を受け取った場合とでは、取引の内容が違いますね。

そこで、簿記では、資産・負債・資本・収益・費用の各項目を、さらに細かく**勘定科目**に分類します。

代表例は次のとおりです。

勘定⇒計算、科目⇒単位ですから、「**簿記上の計算単位**」ということになります。

資産の主な勘定科目

勘定科目	番号	勘定科目	番号
現金	⑦	立替金	㉑
現金預金	㊸	従業員立替金	㉑
当座預金	⑨	前払金	⑫
普通預金	⑧	未収入金	⑱
定期預金	⑧	仮払金	⑳
受取手形	⑭	仮払消費税等	㉓
電子記録債権	⑰	仮払法人税等	㉒
売掛金	⑫	受取商品券	⑫
クレジット売掛金	⑫	前払○	㉞*1
商品	⑫	未収○	㊲*2
繰越商品	⑬	建物	⑲
貯蔵品	⑪	備品	⑲
貸付金	⑮	車両運搬具	⑲
手形貸付金	⑮	土地	⑲
従業員貸付金	⑯	差入保証金	㉗
役員貸付金	⑯		

* 1 前払保険料、前払利息、前払家賃など
* 2 未収利息、未収家賃など

これから学ぶ勘定科目です。ざっと確認しておきましょう。
○は各勘定科目を説明するタイトルの番号と対応しています。

27

負債の主な勘定科目

支払手形 ⑭	未払消費税 ㉓
電子記録債務 ⑰	未払法人税等 ㉒
買掛金 ⑫	未払配当金 ㉙
前受金 ⑫	未払○○ *1 ㊱
借入金 ⑮	前受○○ *2 ㉟
手形借入金 ⑮	当座借越 ㉜
役員借入金 ⑯	預り金 ㉑
未払金 ⑱	従業員預り金 ㉑
仮受金 ⑳	所得税預り金 ㉑
仮受消費税 ㉓	社会保険料預り金 ㉑

＊1 未払利息、未払家賃など
＊2 前受利息、前受家賃など

資本の主な勘定科目

資本金 ㉗	繰越利益剰余金 ㉘
利益準備金 ㉙	

収益の主な勘定科目

商品売買益 ⑫	受取利息 ⑩
売上 ⑫	雑益 ㉔
受取家賃 ⑩	貸倒引当金戻入 ㉝
受取地代 ⑩	償却債権取立益 ㉝
受取手数料 ⑩	固定資産売却益 ⑲

収益の勘定科目の目印 (例外もあります)
☆前に「受取」と付いている←例外:受取手形(資産) 受取商品券(資産)
☆後に「益」と付いている←例外:損益(その他)

費用の主な勘定科目

仕入 ⑫	消耗品費 ⑪
売上原価 ⑬	水道光熱費 ⑪
給料 ㉑	支払家賃 ⑪
法定福利費 ㉑	支払地代 ⑪
広告宣伝費 ⑪	保険料 ⑪
発送費 ⑫	租税公課 ⑪
支払手数料 ⑪	修繕費 ⑲
旅費交通費 ⑪	雑費 ⑪
貸倒引当金繰入 ㉝	支払利息 ⑪
貸倒損失 ㉝	雑損 ㉔
減価償却費 ⑲	固定資産売却損 ⑲
通信費 ⑪	法人税、住民税及び事業税 ㉒

費用の勘定科目の目印（例外もあります）
☆前に「支払」と付いている←例外：支払手形（負債）
☆後に「費」「料」「損（失）」と付いている

その他の勘定科目

現金過不足 ㉔	建物減価償却累計額* ⑲
損益 ㉘	備品減価償却累計額* ⑲
貸倒引当金* ㉝	車両運搬具減価償却累計額* ⑲

＊の勘定科目は特定の勘定科目をマイナスするための勘定科目です（評価勘定ともいいます）。

取引には2つの側面がある

「銀行から現金300円を借り入れた」という取引について考えてみましょう。借入れによって、『現金(資産)』が増えて、『借入金(負債)』が増える取引となります。

また、「水道光熱費200円を現金で支払った」という取引では、『水道光熱費(費用)』が増えて、『現金(資産)』が減る取引となります。

つまり、取引を2つの側面で考え、**勘定科目**と**金額**を用いて、記録する方法が**仕訳**なのです。

> **Point ▶** 仕訳は取引を2つの側面で捉え、勘定科目と金額を用いて行う

仕訳の基本は左側(=借方)1項目、右側(=貸方)1項目

「銀行から現金300円を借り入れた」という取引の仕訳について考えてみましょう。仕訳は次のようになります。

| (借) | 現 金 | 300 | (貸) | 借 入 金 | 300 |

簿記では左側を**借方**、右側を**貸方**といい、(借)は借方、(貸)は貸方を示しています。

「借りる」、「貸す」という言葉の意味との関連は、考えないでください。かえって混乱してしまいます。

	左　側			右　側	
(借)	現　　金	300	(貸)	借　入　金	300

　　　借　方　　　　　　　　貸　方
　　　か**り**かた　　　　　　か**し**かた

「り」と「し」に注目してください。
「り」は左へ流れるので左側
「し」は右へ流れるので右側と覚えましょう。

増えたときにはホームポジション

まず、『**現金**(資産)』が300円増えたので、資産のホームポジションである借方(左側)に、次のように記入します。

(借) 現　　　　金　　　300　(貸)

次に、『**借入金**(負債)』が300円増えたので、負債のホームポジションである貸方(右側)に、次のように記入します。

(借) 現　　　　金　　　300　(貸) 借　　入　　金　　　300

つまり、**資産・負債・資本・収益・費用が増えたとき**には、それぞれ、**ホームポジションに記入**することになります。
この仕訳で、「資産である現金が300円増えた」と同時に「負債である借入金が300円増えた」ということを示しています。

資　産の増加

負　債の増加

資　本の増加

費　用の増加

収　益の増加

減ったときにはホームポジションの反対側

「水道光熱費200円を現金で支払った」という取引の仕訳について考えてみましょう。仕訳は次のようになります。

| (借) | 水道光熱費 | 200 | (貸) | 現　　　金 | 200 |

まず、『水道光熱費(費用)』が200円増えるので、費用のホームポジションである借方(左側)に、次のように記入します。

| (借) | 水道光熱費 | 200 | (貸) | | |

次に、『現金(資産)』が200円減るので、資産のホームポジションの反対側である貸方(右側)に、次のように記入します。

| (借) | 水道光熱費 | 200 | (貸) | 現　　　金 | 200 |

つまり、**資産・負債・資本・収益・費用が減ったときには**、それぞれ、**ホームポジションの反対側に記入**することになります。

この仕訳で、「費用である水道光熱費が200円増えた」と同時に「資産である現金が200円減った」ということを示しています。

負　債の減少

資　産の減少

資　本の減少

収　益の減少

費　用の減少

複合的な仕訳もある

仕訳の基本は「借方1項目、貸方1項目」ですが、取引によっては、「借方2項目、貸方1項目」といった**複合的な仕訳**になることがあります。

「水道光熱費200円と旅費交通費100円を現金で支払った。」

この取引は、「**水道光熱費**(費用)の増加」、「**旅費交通費**(費用)の増加」と「**現金**(資産)の減少」と考え、仕訳は次のようになります。

(借)	水道光熱費	200	(貸)	現　　金	300
	旅費交通費	100			

借方の2つの勘定科目は、どちらから先に記入しても大丈夫です。

借方と貸方の金額は必ず一致する

仕訳は、1つの取引を2つの側面で捉えて行います。そのため、複合的な仕訳であっても、必ず**借方と貸方の金額は一致**します。

(借)	水道光熱費	200	(貸)	現　　金	300
	旅費交通費	100			

合計　300

仕訳した後に、借方の合計と貸方の合計が一致するか、必ず確認するようにしましょう。

基本問題② 仕訳のルール

解答…P308

下記の4月中の取引について仕訳しなさい。

1日　A銀行から現金180,000円を借り入れた。
　　⇒「**現金**（資産）の増加」　　／「**借入金**（負債）の増加」
6日　取引先に依頼され、現金30,000円を貸し付けた。
　　⇒「**貸付金**（資産）の増加」　　／「**現金**（資産）の減少」
10日　土地を70,000円で購入し、代金は現金で支払った。
　　⇒「**土地**（資産）の増加」　　／「**現金**（資産）の減少」
14日　利息10,000円を現金で受け取った。
　　⇒「**現金**（資産）の増加」　　／「**受取利息**（収益）の増加」
26日　家賃50,000円と水道光熱費15,000円を現金で支払った。
　　⇒「**支払家賃**（費用）の増加」　／「**現金**（資産）の減少」
　　　「**水道光熱費**（費用）の増加」

答案用紙

	借方科目	金額	貸方科目	金額
1日				
6日				
10日				
14日				
26日				

トレーニング　基礎編の問題5〜9も解いておこう！

勘定科目ごとに集計する

勘定口座への記入

残高または合計の確認は？

「**現金**(資産)は今いくらあるのか」、「今年の**水道光熱費**(費用)はいくらか」といった残高または合計を知るには、取引の金額を集計する必要があります。

しかし、取引の記録として、仕訳をしただけでは、金額の集計に手間がかかります。

それでは、**勘定科目ごとに、すぐに残高または合計がわかるようにしておく**には、どのような工夫が必要でしょうか？

転記とは？

上記の問題を解決するには、仕訳をした後、**各勘定科目の金額の増減を別々にまとめておく必要があります。**

勘定科目ごとにまとめておく場所を**勘定口座**または**勘定**といい、仕訳した結果を各勘定口座に書き移します。

このことを**転記**といいます。

勘定口座に金額を集計することにより、勘定科目ごとの金額が集計されるので、「**現金**(資産)は今いくらあるのか」、「今年の**水道光熱費**(費用)はいくらか」といった勘定科目ごとの**残高**または**合計**が、すぐにわかるようになります。

勘定口座は、各勘定科目の金額の増減を記録し、残高や合計を計算するために設けられます。

転記の方法

仕訳の借方側 … 仕訳の借方に記入されている金額を、借方の勘定科目の勘定口座の借方に記入します。

仕訳の貸方側 … 仕訳の貸方に記入されている金額を、貸方の勘定科目の勘定口座の貸方に記入します。

あわせて、取引の日付と相手勘定科目(仕訳上の反対側の勘定科目)を記入します。

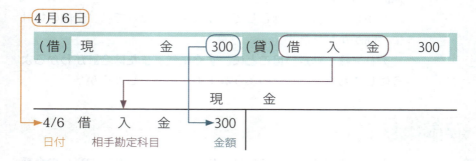

「現金」から見た相手勘定科目は、「借入金」となります。
相手勘定科目を記入することにより、勘定口座を見ただけで、仕訳が分かります。

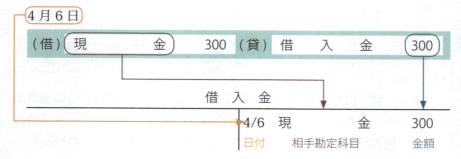

「借入金」から見た相手勘定科目は、「現金」となります。

また、借方または貸方の勘定科目が**2つ以上**になる取引の場合は、相手勘定科目として諸口という語句を用いて記入します。

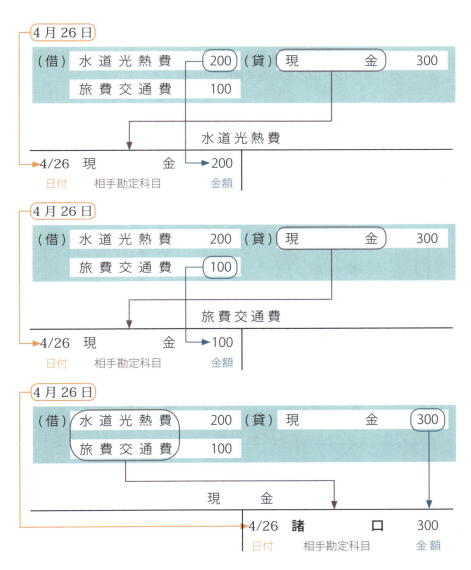

「現金」から見た相手勘定科目は、「水道光熱費」、「旅費交通費」の2つとなるため、「諸口」と記入します。
諸口は、諸々の勘定口座の略です。

勘定口座への記入のルール

　勘定口座に転記を行う場合のルールをまとめると、次のとおりです。例えば、資産に属する勘定科目であれば、**増加のときは借方**に、**減少のときは貸方**に記入します。ということは、**仕訳を行うときのルール**とまったく同じですね。

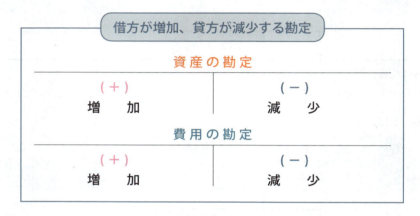

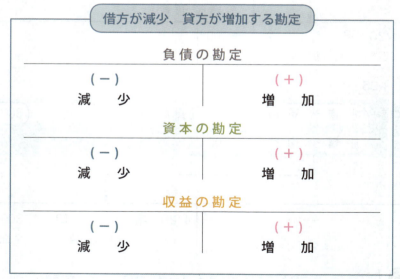

基本問題③　勘定記入のルール

解答…P309

下記の4月中の取引の仕訳にもとづいて、勘定口座に転記しなさい。また、現金勘定の残高を計算しなさい。

1日	（借）現　　　金	180,000		（貸）借　入　金	180,000
6日	（借）貸　付　金	30,000		（貸）現　　　金	30,000
10日	（借）土　　　地	70,000		（貸）現　　　金	70,000
14日	（借）現　　　金	10,000		（貸）受 取 利 息	10,000
26日	（借）支 払 家 賃	50,000		（貸）現　　　金	65,000
	水道光熱費	15,000			

答案用紙

```
         現        金                    土        地
──────────────────────            ──────────────────────
              │                                  │
              │                    ──────────────────────
              │                         支  払  家  賃
              │                    ──────────────────────
                                                  │

         貸    付    金                  水  道  光  熱  費
──────────────────────            ──────────────────────
              │                                  │

         借    入    金                  受  取  利  息
──────────────────────            ──────────────────────
              │                                  │
```

現金勘定の残高：＿＿＿＿＿＿円

トレーニング　基礎編の問題10も解いておこう！

コラム　よい人生にするために～主語を大きく～

『心構えを変えれば、行動が変わる。行動を変えれば、習慣が変わる。習慣が変われば、器が変わる。器が変われば、人生が変わる。』という話を聞いたことがある。

つまり、よい人生にしていくには、よい心構えを持つことなんだ、という結論になっていた。

確かに瞬間的に心構えを変えて、瞬間的に行動を変える、ということは誰にでもできる。また根性論と体力の範囲でなら少しは続けることもできるだろう。

しかし、問題はそれを長く継続させて習慣の域にまで高めることにある。それには、信念と、成功体験が必要になる。

つまり、信念と成功体験がなければ習慣にまで高めることは難しく、しかもそれらを持って生れてきた者などいやしない。

では、どうすればそれらが得られるのだろうか？

この話はそれに応えてくれてはいないし、決定的な答えもありはしないのだろう。

ただ、私は、『主語を大きくする』ことによって、そのきっかけにできると思っている。

日常使う主語を『自分』から『あなた』そして『みんな』さらに『会社』『地域』『国』『世界』と、どんどん主語を大きくしていく。するとそこに、自分の為すべき事や、物事の真理が見えてくる。

これが、信念につながり、それに基づいた行動によってこそ、仮にどんなに小さいことであっても、その人の成功体験になる。

『主語を大きく』

偉人は皆大きな主語を使っている。これがよい人生への第一歩なのではないだろうか。

第3章

現金と預金

　簿記でいう現金は「**即時的な支払い手段となるもの**」と定義されます。

　例えば、私がみなさんから1万円借りていたとして、それを返したときに、みなさんが「返ってきた」と納得できるもの、ということになります。

　するとみなさんは、1万円札1枚でなくても、500円玉20枚でも、まあ納得できるでしょう。

　この他に、『**金融機関に持ち込めば、すぐに現金化してくれるもの**』でも、みなさんには納得していただけるのではないでしょうか。

　そうです。これらは『**通貨代用証券**』と言われ、簿記上では「現金」として扱うことになるのです。

　では、みていきましょう

 小切手を受け取ったときも「現金」として処理するのがポイントです。

簿記上の現金は少し違う

現　　　金

第3章

簿記上の現金

　現金というと、みなさんは**硬貨**や**紙幣**といったお金を思い浮かべるでしょう。しかし、**簿記上の現金**は、もう少し範囲が広がり、「金融機関に持ち込めばすぐに現金化できる」**通貨代用証券**も現金に含めます。

Point ▷ 簿記上の現金…硬貨、紙幣、通貨代用証券

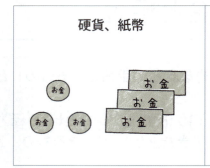

硬貨、紙幣	通貨代用証券
お金 お金 お金 お金 お金	・他人振出小切手 ・送金小切手 ・普通為替証書 ・定額小為替証書 ・配当金領収証　など

上記5つの名称を見て、通貨代用証券だとわかるようにしましょう。

現金の仕訳

　現金は資産なので、**増えたら借方、減ったら貸方**に記入します。

Point ▷ 現金 ⇒ 資産 ⇒ 増えたら借方、減ったら貸方に記入

42

取　引　小切手を受け取った場合 (他人振出小切手)

取引先を紹介した手数料として、500円の他人振出しの小切手を受け取った。
⇒「現金 (資産) の増加」　　　／「受取手数料 (収益) の増加」

| (借) | 現　　　　金 | 500 | (貸) | 受 取 手 数 料 | 500 |

取　引　送金小切手を受け取った場合

貸付金の利息として、送金小切手200円を受け取った。
⇒「現金 (資産) の増加」　　　／「受取利息 (収益) の増加」

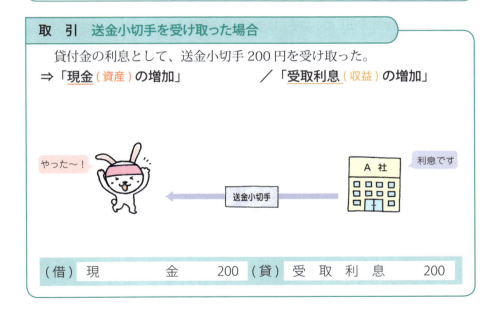

| (借) | 現　　　　金 | 200 | (貸) | 受 取 利 息 | 200 |

Point ▷ 配当金領収証以外の通貨代用証券には「小切手」または「為替」の文字が入っています。

基本問題④　現金の処理

解答…P310

下記の各取引について仕訳しなさい。
1．青森商店より貸付金の利息 20,000 円を青森商店振出しの小切手で受け取った。
2．取引先を紹介した手数料として、5,000 円の普通為替証書が送られて来た。

答案用紙

	借方科目	金額	貸方科目	金額
1.				
2.				

「青森商店振出しの小切手」は他人振出小切手です。

トレーニング　基礎編の問題 11 〜 12 も解いておこう！

入金はコチラ　支払いはアチラ

8 第3章　普通預金と定期預金

普通預金

個人や会社が通常、開設する口座が普通預金口座です。
複数の口座をもっている場合、普通預金の後に銀行名を付けて管理することがあります。

取引量が増えると、入金用の口座は全国にある銀行、支払用の口座は支払手数料の安い銀行と分けたりします。

Point ▶ 普通預金⇒資産⇒増えたら借方、減ったら貸方

取　引　口座の開設

これまで普通預金の取引は UFO 銀行のみで行ってきたが、新たに JRA 銀行にも口座を設けることとし、UFO 銀行の普通預金口座から、80,000 円を振り替えた。なお、当社では、普通預金の後に銀行名を付して勘定科目としている。
⇒「普通預金 JRA 銀行(資産)の増加」／「普通預金 UFO 銀行(資産)の減少」

| （借） | 普通預金 JRA 銀行 | 80,000 | （貸） | 普通預金 UFO 銀行 | 80,000 |

取　引　普通預金口座からの支払い

借入金 10,000 円の返済を JRA 銀行の口座から振り込んで行った。
⇒「借入金(負債)の減少」／「普通預金 JRA 銀行(資産)の減少」

| （借） | 借　入　金 | 10,000 | （貸） | 普通預金 JRA 銀行 | 10,000 |

定期預金

　余裕資金などは、利息による収入を目的として、普通預金よりも金利の高い定期預金に預け入れることがあります。
　定期預金には3か月、1年、5年といった預け入れ期間の定めがあり、その期間中は出金することができません。

Point  定期預金⇒資産⇒増えたら借方、減ったら貸方

取 引　定期預金

　当社では、1年満期(金利1%)の定期預金に10,000円を預け入れることとし、UFO銀行の普通預金口座から預け入れた。
⇒「定期預金(資産)の増加」　／「普通預金UFO銀行(資産)の減少」

| (借) | 定 期 預 金 | 10,000 | (貸) | 普通預金UFO銀行 | 10,000 |

　満期となり、元本と利息100円を普通預金口座に振り替えた。
⇒「普通預金UFO銀行(資産)の増加」　／「定期預金(資産)の減少」
　　　　　　　　　　　　　　　　　　　／「受取利息(収益)の増加」

| (借) | 普通預金UFO銀行 | 10,100 | (貸) | 定 期 預 金 | 10,000 |
| | | | | 受 取 利 息 | 100 |

 定期預金勘定の後にも銀行名を付けることがあります。

手許に現金がなくても支払うことができます

当座預金

当座預金

　当座預金は、預金の一種ですが、預金の利息がつかない、預金を引き出すために小切手を振り出すといった特徴のある預金です。

他人振出小切手を受け取ったときは、現金の増加として処理します。

当座預金の必要性

　1か月分の代金を支払う状況を考えてみましょう。
　支払い側は、1か月分の代金として現金を手許に用意する必要があり、受け取り側は、受け取った現金を持ち歩く必要があります。
　1か月分の代金なので、金額が大きくなり、双方に盗難や紛失のリスクが生じます。このリスクを回避するために、小切手による代金の支払いを行います。

通常は、受け取り側が代金の回収(集金)に行きます。

当座預金口座の開設

　小切手による代金の支払いを行うために、取引銀行に**当座預金口座**を開設し、その銀行から小切手帳を受け取ります。
　代金を支払うさい、小切手帳に必要事項を記入し、支払先に小切手を渡します。このことを「**小切手を振り出す**」といい、**銀行に対して、「小切手と引き替えに持参人へ(私の当座預金口座から)お支払いください」**と依頼します。

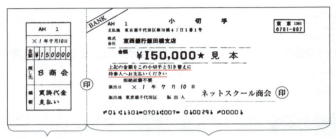

小切手の控え　　　　　　　小切手

小切手は銀行に対する支払依頼なので、信用度が高く、受け取った人は現金として処理します。

Point ▶ 当座預金…預金の一種、小切手で預金を引き出す

小切手の左上に「ＢＡＮＫ」とあるのは、「小切手の持参人の銀行口座に振り込みます」ということを意味しており、受け取る相手を特定することで不正換金を防止することができます(ひろった小切手を換金するとバレます)。

当座預金の仕訳

当座預金の仕訳は、①**当座預金口座を開設した(預け入れた)とき**、②**小切手を振り出したとき**にありますが、③**小切手を相手先に渡したとき**や、④**実際に引き落とされたとき**には仕訳はありません。

当座預金は資産なので、**増えたら借方、減ったら貸方**に記入します。

Point ▶ 当座預金 ⇒ 資産 ⇒ 増えたら借方、減ったら貸方に記入

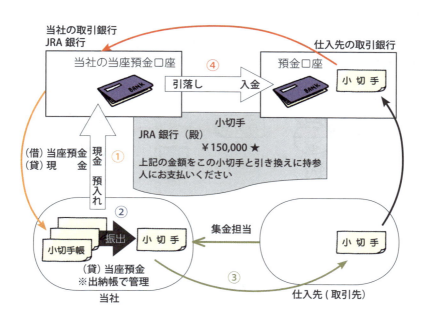

取　引　①当座預金口座を開設したとき(預け入れたとき)

取引銀行に当座預金口座を開設し、現金 500 円を預け入れた。
⇒「**当座預金**(資産)**の増加**」　　／「**現金**(資産)**の減少**」

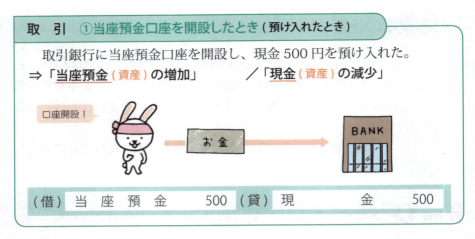

| (借) | 当 座 預 金 | 500 | (貸) | 現　　　　金 | 500 |

取　引　②小切手を振り出したとき

備品を 300 円で購入し、代金は小切手を振り出して支払った。
⇒「**備品**(資産)**の増加**」　　／「**当座預金**(資産)**の減少**」

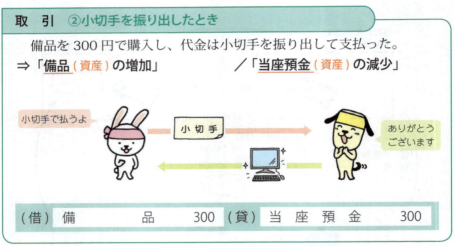

| (借) | 備　　　品 | 300 | (貸) | 当 座 預 金 | 300 |

　②の仕訳では「**小切手を振り出したとき**」に当座預金を減少させていますが、実際には小切手を受け取った人が「**銀行に小切手を持っていったとき**」に、当座預金口座から支払われます。そのため、「**小切手を振り出したとき**」には、まだ当座預金は減っていません。

しかし、小切手を受け取った人は、いつでも、銀行で小切手を換金することができるので、実際にはまだ当座預金が減っていなくても、「**小切手を振り出したとき**」に当座預金が減ったものとして仕訳します。
　したがって、③や④では仕訳は行われません（②で処理済みのため）。

いつ当座預金が減るのかわからないので、振り出したときに当座預金が減ったものとします。

　一方、小切手を受け取った側は、通貨代用証券である「**他人振出小切手の受取り**」になるため、『現金(資産)』の増加として処理します。

> 小切手の振出し … 当座預金(資産)の減少として処理
> 他人振出小切手の受取り … 現金(資産)の増加として処理

> **取　引**　他人振出小切手を受け取り、ただちに当座預金に預け入れたとき

　Ｃ商店に対する貸付金 150 円をＣ商店振出しの小切手で回収し、ただちに当座預金口座に預け入れた。
⇒「<u>当座預金</u>（資産）の増加」　　／「<u>貸付金</u>（資産）の減少」

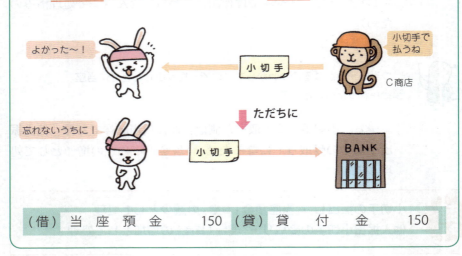

| (借) | 当　座　預　金 | 150 | (貸) | 貸　　付　　金 | 150 |

「Ｃ商店振出しの小切手」は他人振出小切手です。

Point ▷ 小切手を受け取って、ただちに当座預金口座に預け入れた場合は、当座預金（資産）の増加として処理

コラム　簿記はトンネルがキライ

小切手を受け取ると…

| (借) | 現　　　　　金 | 150 | (貸) | 貸　　付　　金 | 150 |

"ただちに"当座預金口座に預け入れると…

| (借) | 当　座　預　金 | 150 | (貸) | 現　　　　　金 | 150 |

　このときの現金勘定のように「入ってすぐ出ていく」勘定を、簿記では"トンネル"勘定と言い省略します。極力、手間を省きたいためです。

入出金明細から仕訳をしてみよう

入出金明細とは、当座預金や普通預金の入金・出金の状況を記録した書類です。銀行などの金融機関から会社に送付され、会社は入出金明細をみて預金の残高を把握します。

例　入出金明細

取引銀行のインターネットバンキングサービスから普通預金口座の入出金明細を入手したところ次のとおりであった。各取引日において必要な仕訳を答えなさい。

入出金明細

日付	内容	出金金額	入金金額	取引残高
1.18	ATM 入金		500,000	省略
1.25	給与振込	360,000		
1.25	振込手数料	1,000		

1月18日

| (借) | 普通預金 | 500,000 | (貸) | 現金 | 500,000 |

1月25日

| (借) | 給料 | 360,000 | (貸) | 普通預金 | 361,000 |
| | 支払手数料 | 1,000 | | | |

「入出金明細」は出金が左側で、入金が右側なので、資産のホームポジションとは逆になることに注意しましょう。
「ATM 入金」は、現金を口座に預け入れたということです。

Point ▷ 出金金額⇒預金の減少、入金金額⇒預金の増加

53

基本問題⑤　預金の処理

解答…P310

下記の各取引について仕訳しなさい。
1．1年満期（金利2％）の定期預金に400,000円を預け入れることとし、普通預金口座から預け入れた。
2．1年後、上記1．の定期預金が満期となり、元本と利息8,000円を普通預金口座に振り替えた。

取引銀行から普通預金口座の入出金明細を入手したところ次のとおりであった。必要な仕訳を答えなさい。

```
                                            X3年3月31日
                入出金明細
   ＮＳ株式会社　様
                                       JRA銀行どない支店
```

	内容	出金金額	入金金額	取引残高
3.	ＡＴＭ入金		300,000	省略
4.	水道光熱費	1,000		

答案用紙

	借方科目	金額	貸方科目	金額
1.				
2.				
3.				
4.				

トレーニング　基礎編の問題13～15も解いておこう！

第4章

収益と費用

　会社のオフィスの電気代は刻一刻と発生しています。
　また、銀行預金の利息も日々発生しています。
　しかし、これらを毎日仕訳していたのでは、手間がかかって仕方ありません。
　そこで、基本的に**費用なら支払ったとき、収益なら受け取ったときに計上**することにしています。
　ここでは、商品売買以外の収益と費用の処理をみていきましょう。

商品売買については、少し扱いが異なります（第5章をご覧ください）。
ここでは、商品売買以外の、収益や費用の動きを学習します。

とにかく、受け取れば収益

10 第4章 収益の計上

収益の計上

収益の多くは、現金などを受け取ったときに計上します。

Point ▷ 収益⇒増えたら貸方に記入、減ったら借方に記入

取引　手数料の受け取り

A社に取引先を紹介し、紹介手数料として10,000円を現金で受け取った。
⇒「**現金**（資産）の増加」　／「**受取手数料**（収益）の増加」

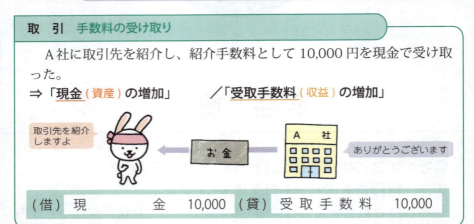

| （借） | 現　　　　金 | 10,000 | （貸） | 受 取 手 数 料 | 10,000 |

取引　家賃の受け取り

今月分の家賃3,000円を先方振り出しの小切手で受け取った。
⇒「**現金**（資産）の増加」　／「**受取家賃**（収益）の増加」

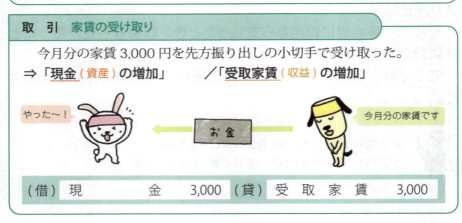

| （借） | 現　　　　金 | 3,000 | （貸） | 受 取 家 賃 | 3,000 |

他人振り出しの小切手は、現金扱いでしたね。

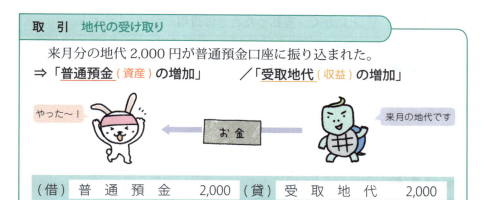

 来月分でも受け取れば、まずは収益に計上しておきます。

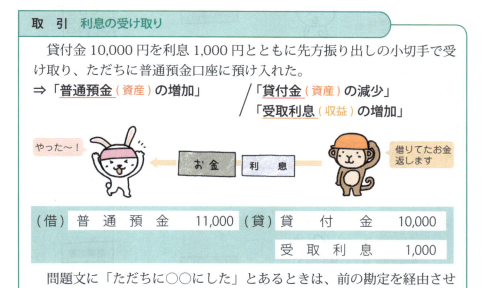

問題文に「ただちに○○にした」とあるときは、前の勘定を経由させずに、直接○○勘定で処理します。

とにかく、支払ったときに費用

第4章 11 費用の計上

費用の計上

費用の多くは、現金などで支払ったときに計上します。

Point ▶ 費用⇒増えたら借方に記入、減ったら貸方に記入

取 引 発送費の支払い

商品の発送費用 300 円 (当社負担) を現金で支払った。
⇒「**発送費**(費用)の増加」 ／「**現金**(資産)の減少」

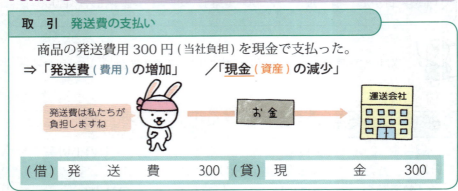

| (借) | 発 送 費 | 300 | (貸) | 現 金 | 300 |

発送費用が先方負担のときの処理は㉑立替金と預り金で扱います。

取 引 保管費の支払い

商品の保管を委託している倉庫業者に、倉庫料 1,000 円を小切手を振り出して支払った。
⇒「**保管費**(費用)の増加」 ／「**当座預金**(資産)の減少」

| (借) | 保 管 費 | 1,000 | (貸) | 当 座 預 金 | 1,000 |

勘定科目が指定されていない場合は、保管料や倉庫料でもＯＫです。

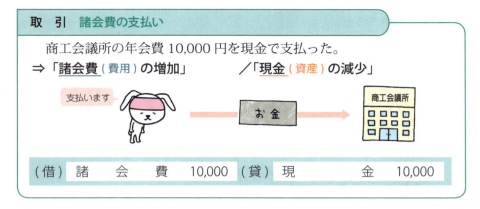

「諸会費」という勘定科目があることを、頭の片隅に入れておきましょう。

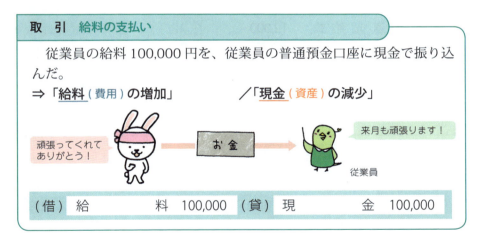

Point 当社の処理なので相手先の口座の種類は関係ない

給料の支払時の詳しい処理は、㉑立替金と預り金で扱います。

取 引 費用の支払い

以下の今月分の費用が普通預金口座から引き落とされた。

広 告 代 1,000 円　　保 険 料 2,000 円　　水 道 代 3,000 円
ガ ス 代 4,000 円　　電 気 代 5,000 円　　地　　代 6,000 円
家　　賃 7,000 円　　その他の費用 500 円

⇒「**広告宣伝費**（費用）の増加」　　　「**普通預金**（資産）の減少」
　「**保険料**（費用）の増加」
　「**水道光熱費**（費用）の増加」
　「**支払地代**（費用）の増加」
　「**支払家賃**（費用）の増加」
　「**雑費**（費用）の増加」

（借）	広 告 宣 伝 費	1,000	（貸）	普 通 預 金	28,500
	保　険　料	2,000			
	水 道 光 熱 費	12,000			
	支 払 地 代	6,000			
	支 払 家 賃	7,000			
	雑　　　費	500			

取 引 振込手数料（当社負担）

カメ社からの借入金 10,000 円の返済を、JRA 銀行の普通預金口座から行った。なお、振込手数料 300 円は当社の負担であり、併せて同口座より支払った。

⇒「**借入金**（負債）の減少」　　　　「**普通預金 JRA 銀行**（資産）の減少」
　「**支払手数料**（費用）の増加」

お金返します

借りていた側
（負担する側）

手数料

BANK

ありがとう
ございます

貸していた側

お 金

(借)	借　入　金	10,000	(貸)	普通預金 JRA 銀行	10,300
	支 払 手 数 料	300			

逆に、振込手数料が先方負担であれば、手数料分を上乗せして支払うことがないので、当社の仕訳は次のようになります。

取　引　振込手数料（先方負担）

カメ社からの借入金 10,000 円の返済を、JRA 銀行の普通預金口座から行った。なお、振込手数料 300 円は先方の負担である。
⇒「借入金（負債）の減少」　　／「普通預金 JRA 銀行（資産）の減少」

(借)	借　入　金	10,000	(貸)	普通預金 JRA 銀行	10,000

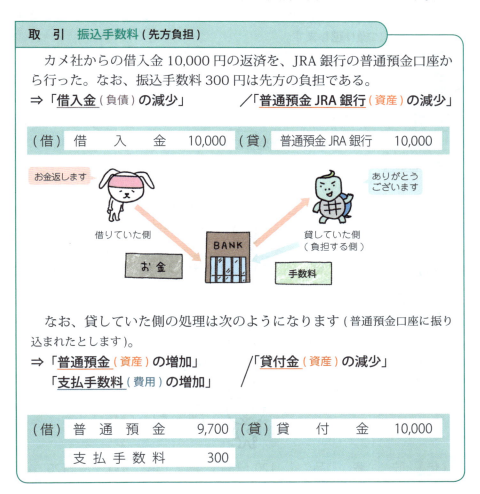

なお、貸していた側の処理は次のようになります（普通預金口座に振り込まれたとします）。
⇒「普通預金（資産）の増加」　　／「貸付金（資産）の減少」
　「支払手数料（費用）の増加」

(借)	普 通 預 金	9,700	(貸)	貸　付　金	10,000
	支 払 手 数 料	300			

手数料をどちらが負担するかは、会社間で決めるので問題文に必ず指示があります。

通信費

　ハガキ代、切手代など、他者と連絡するための費用は『**通信費**(費用)』として処理し、他の費用と同様に支払ったとき(切手などを購入したとき)に計上します。
　しかし、期末になって**未使用のハガキや切手が残っている場合**、その分は『**通信費**(費用)』を減らし、『**貯蔵品**(資産)』として次期に繰り越します。

貯蔵品勘定は「名もなき資産」を表す勘定です。
資産としての価値はあるものの、名前を出す程のものではない資産のときに用います。

取 引　①切手の購入

通信用の60円切手10枚を現金で購入した。
⇒「**通信費**(費用)の増加」　　　／「**現金**(資産)の減少」

| (借) | 通　信　費 | 600 | (貸) | 現　　　金 | 600 |

取 引　②決算整理

決算にあたり調べたところ、60円切手2枚が残っていた。
⇒「**貯蔵品**(資産)の増加」　　　／「**通信費**(費用)の減少」

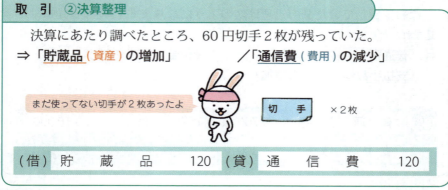

| (借) | 貯　蔵　品 | 120 | (貸) | 通　信　費 | 120 |

結果として、使った分480円(8枚×60円)が通信費となり、残った分120円(2枚×60円)が貯蔵品(資産)として次期に繰り越されます。

租税公課

『租税公課(費用)』は固定資産税など、利益の金額に比例しない税金や公共サービスの料金を支払ったときに用います。

なかでも、約束手形を発行するさいなどに貼付が義務づけられている収入印紙(貼付によって、納税したことになります)は、ハガキや切手と同様に期末になって**未使用のもの**は『貯蔵品(資産)』として次期に繰り越します。

○○費でも、○○料でもないし、支払○○でもないけど、租税公課は費用の科目です。

取 引 ①租税公課

郵便局にて、固定資産税10,000円を納付するとともに200円の収入印紙10枚を現金で購入した。

⇒「租税公課(費用)の増加」 ／「現金(資産)の減少」

収入印紙を買ってきました
収入印紙 ×10枚

| (借) | 租 税 公 課 | 12,000 | (貸) | 現　　　金 | 12,000 |

取 引 ②決算整理

決算にあたり調べたところ、200円の収入印紙が2枚残っていた。

⇒「貯蔵品(資産)の増加」 ／「租税公課(費用)の減少」

まだ使ってない収入印紙が2枚あったよ
収入印紙 ×2枚

| (借) | 貯 蔵 品 | 400 | (貸) | 租 税 公 課 | 400 |

結果として、使った分1,600円(8枚×200円)が租税公課となり、残った分400円(2枚×200円)が貯蔵品として次期に繰り越されます。

消耗品費

　1年以内に使い切る予定の物品を購入したときには『消耗品費(費用)』で処理します。

　消耗品費も本来であれば、決算において未使用分を資産に計上すべきですが、実務上、物品が残っていても資産に計上しないのが一般的であるため、購入したさいに『消耗品費(費用)』として処理するだけとなります。

取　引　消耗品費

消耗品3,000円を購入し、代金は現金で支払った。
⇒「消耗品費(費用)の増加」　　／「現金(資産)の減少」

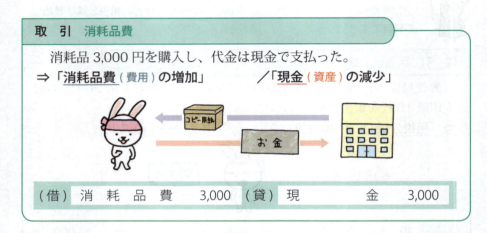

| (借) | 消　耗　品　費 | 3,000 | (貸) | 現　　　　　金 | 3,000 |

消耗品の未使用分を資産に計上しないのは、切手や収入印紙と比べ換金性が低いためです。
金券ショップで消耗品は売ってないですもんね。

領収書・請求書から仕訳をしてみよう

どの会社でも、従業員が費用を支払ったら、取引先から領収書や請求書をもらい、それをもとに仕訳をします。

取 引　領収書

出張旅費を本人が立て替えて支払っていた従業員から、下記の領収書を受け取ったので、当社の普通預金口座から従業員の普通預金口座へ振り込んで精算した。

```
                                            No.1840
                                            X9年8月24日

                   領　収　書

  ＮＳ株式会社　様

                   ¥　　3,470


   但し　旅客運賃として
  上記金額を正に領収いたしました。
                   さいたま旅客鉄道株式会社（公印省略）
                      ××駅発行　取扱者（捺印省略）
```

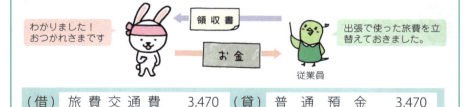

（借）旅 費 交 通 費　3,470　（貸）普 通 預 金　3,470

従業員は、支払ったときに領収書をもらわないと、支払ったことが証明できなくなるので、会社で精算してもらえなくなってしまいます。

取 引　請求書

　事務作業に使用する物品を購入し、品物とともに次の請求書を受け取り、代金は後日支払う（未払金勘定を用いる）ことにした。

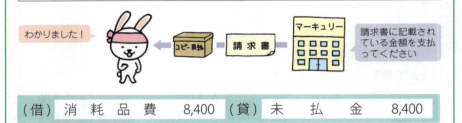

請求書

　ＮＳ株式会社　様

　　　　　　　　　　　　　　　株式会社マーキュリー事務器

品物	数量	単価	金額
A4 印刷用紙 (500 枚入)	10	600	¥ 6,000
B5 印刷用紙 (500 枚入)	6	400	¥ 2,400
		合計	¥ 8,400

X9 年 8 月 31 日までに合計額を下記口座へお振込み下さい。
東京銀行神田支店　普通　1234567　カ）マーキユリージムキ

（借）消　耗　品　費　　8,400　　（貸）未　　払　　金　　8,400

「ＮＳ株式会社が、株式会社マーキュリー事務器から消耗品を購入し、購入代金を X9 年 8 月 31 日までに、株式会社マーキュリー事務器の普通預金口座に振り込む」と読み取ります。

コラム　請求書は支払う立場、請求書(控)は受取る立場

　請求書は通常、複写式になっており、原本 (1枚目) である「請求書」を相手先に送り、コピー (2枚目) の「請求書(控)」は手許に残しておいて、先方の支払額の確認用に用います。

　したがって、「請求書」を持っているのは代金を支払う立場の人、「請求書(控)」を持っているのは代金を受取る立場の人ということになります。デジタル上でやりとりする場合には送信記録が残るので、意味はないのですが。

基本問題⑥　収益と費用の処理　　　解答…P310

下記の名取引について仕訳しなさい。
1．来月分の地代2,000円を先方振り出しの小切手で受け取り、ただちに普通預金口座に預け入れた。
2．従業員の給料100,000円を、従業員の普通預金口座に現金で振り込んだ。
3．事務作業に使用する物品を購入し、品物とともに次の請求書を受け取り、代金は後日支払う（未払金勘定を用いる）ことにした。

```
                         請求書
  NS株式会社　様
                                            白山商会株式会社
```

品物	数量	単価	金額
A4印刷用紙(500枚入)	4	500	¥ 2,000
プリンターインク・マゼンタ	2	10,500	¥ 21,000
		合計	¥ 23,000

X9年8月31日までに合計額を下記口座へお振込み下さい。
東京銀行白山支店　普通　1234567　ハクサンシヨウカイ(カ

答案用紙

	借方科目	金額	貸方科目	金額
1.				
2.				
3.				

トレーニング　基礎編の問題16～19も解いておこう！

| コラム | 給料の損益計算書・貸借対照表への影響 |

　会社が目標とするのは、貸借対照表の資本を充実させることです。資本を充実させるには利益を上げなければならないことは、みなさんはもうお分かりですね。

　それではみなさんが、10万円の給料を現金で受け取ったとしましょう。
　この10万円の給料が会社の損益計算書や貸借対照表にどのように影響するかをみていきましょう。

（注）給料は会社にとっては費用項目の1つです。

損益計算書　　　単位：万円

| ① 給 料 | 10 | ② 損失　10 |

貸借対照表　　　単位：万円

資 産	負 債
	資 本
↑①現金　△10	↑③資本　△10

①会社の費用が10万円増えるとともに、会社の現金が10万円減ります。
②費用の増加により、会社に損失が10万円発生します。
③貸借対照表の資本が10万円減ります。

　このように見ていくと、支払った給料分だけ、資本が減ってしまうことがわかります。
　会社としてはこのままではいけません。

損益計算書　　　単位：万円

原 価	12	売 上	30
給 料	10		
利益	8		

貸借対照表　　　単位：万円

資 産	負 債
	資 本
↓現金　＋8	↓資本　＋8

　仮に10万円の給料をもらっている人が現金12万円で購入した商品を、現金30万円で販売して会社に貢献したとすれば、結果として8万円（30万円−12万円−10万円）の利益が残ることになり、その分資本も充実することになります。
　給料分以上稼がないと、自分の給料も上がらないので、会社にとっても自分にとっても良いことではありませんね。

商品売買

みなさんが、街角に立つジュースの自動販売機だったとしましょう。
　のどを渇かせた私がみなさんの前に立ち、150円分のコインを入れた。
　さてこの時、みなさんは「売上」にしていいでしょうか？
　ダメですよね。
　だって、私が次の瞬間に"返金"のボタンを押すかもしれませんものね。

　次に私が、買いたいジュースのボタンを押し、みなさんがガラガラという音とともに商品を渡し、それを私が確認する。この時点でみなさんの「売上」が成立します。

　つまり、①**商品の引渡し**、②**対価の受入れ**の**2つが売上の要件**であり、この2つが揃ったときに売上として計上するのです。

対価（代金）は手形や売掛金といった債権でもOKです。
債権については、第6章で詳しく学習します。

期中はラクラク「三分法」

第5章 12 商品売買

商品とは？

商品とは、会社が「販売するモノ」のことです。

分記法とは？

商品を仕入れたさい、『商品（資産）』の増加として処理し、商品の販売のつど、『商品（資産）』を減らして、売価と原価の差額である利益を『商品売買益（収益）』として処理する方法があります。

原価と利益を分けて記録することから分記法といいます。分記法では、販売した商品の原価を調べる必要があるため、取引の頻度が高くなると手間がかかります。

コラム　商品ってナニ？

雑貨屋さんにとって仕入れた雑貨は商品ですし、中古車屋さんにとって中古車が、不動産屋さんにとっては土地や建物が商品になります。

つまり、「その会社にとって販売するためのモノ」が商品ということになります。

仕入れたとき（現金で仕入れ）

| (借) | 商　　　　品　　××　| (貸) | 現　　　　金　　×× |

販売したとき（現金で販売）

| (借) | 現　　　　金　　××× | (貸) | 商　　　　品　　×× |
| | | | 商 品 売 買 益　　× |

原価（××）＋利益（×）＝売価（×××）という関係になっています。
分記法では、販売のつど、どれだけ儲けたのかがわかります。

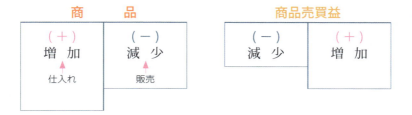

販売した商品の返品などにより
商品売買益が減少することがあります。

三分法とは？

　　　　　三分法とは、商品売買の取引を『仕入(費用)』、『売上(収益)』、『繰越商品(資産)』の「3つの勘定科目を用いて処理する方法」です。
　三分法では、商品の仕入れのさい原価を『仕入(費用)』として処理し、販売のさい売価を『売上(収益)』として処理します。
　この方法を用いると、商品の販売のつど、販売した商品の原価を調べる必要がありません。

仕入れた商品を「資産」として計上せず、「費用」として計上します。

仕入れたとき（現金で仕入れ）

| (借) | 仕　　　　入 | ×× | (貸) | 現　　　　金 | ×× |

このとき、引取費用などの商品の仕入れに付随する費用で、当社負担のものは、仕入れの金額に含めて処理します。

販売したとき（現金で販売）

| (借) | 現　　　　金 | ××× | (貸) | 売　　　　上 | ××× |

三分法では、販売したときに売価を売上として計上するだけなので、どれだけ儲けたのかはわかりません。

「繰越商品」については、⑬売上原価の算定で学習します。

> 仕　　入 ⇒ 費用 ⇒ 増えたら借方、減ったら貸方に記入
> 売　　上 ⇒ 収益 ⇒ 増えたら貸方、減ったら借方に記入
> 繰越商品 ⇒ 資産 ⇒ 増えたら借方、減ったら貸方に記入

掛取引

　商品の売買は、特定の相手(得意先)と繰り返し行われることが多く、そのつど、現金の受取り・支払いを行うと手間がかかります。

　そこで、「**4月1日～4月30日までに仕入れた商品の代金は、5月末に支払います**」という約束をすることがあり、この約束にもとづいて、取引を行うことを**掛取引**といいます。

掛取引は、「月末締めの翌月末現金払い」という場合が多くあります。

　掛取引では、商品の売買のさい、販売側は「**お金をもらえる権利(債権)**」をあらわす『**売掛金(資産)**』で処理し、購入側は「**お金を支払う義務(債務)**」をあらわす『**買掛金(負債)**』で処理します。

> 売掛金 ⇒ 資産 ⇒ 増えたら借方、減ったら貸方に記入
> 買掛金 ⇒ 負債 ⇒ 増えたら貸方、減ったら借方に記入

商品売買の仕訳

　商品売買の仕訳は、次の5つがあります。
①商品を売買したとき
②返品があったとき
③代金を決済したとき
④商品の売買のさい、付随費用があるとき
⑤代金の一部の受け渡しのあと、商品を売買したとき

①商品を売買したとき

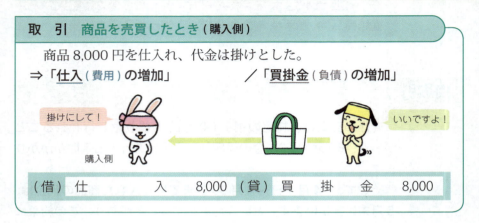

②返品があったとき

　返品は、「**購入側が、仕入れた商品を販売側に戻す**」という行為です。返品分は、もともと売り上げて(仕入れて)いなかったことと同じになるので、売上(仕入)時と貸借逆の仕訳になります。

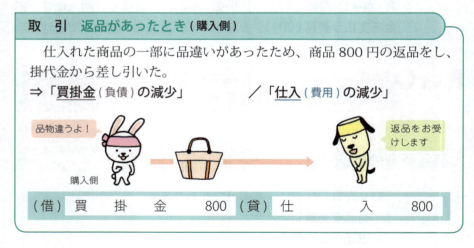

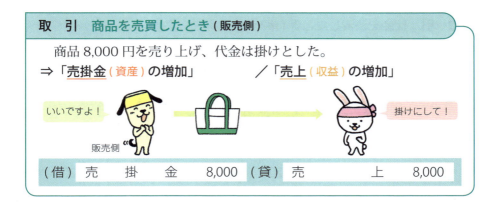

購入側にとっては、「仕入戻し」、
販売側にとっては、「売上戻り」となります。

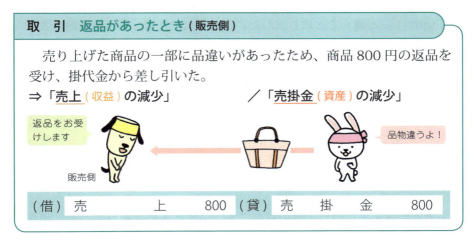

③代金を決済したとき

取引 代金を決済したとき（購入側）

買掛金 7,200 円の決済代金を当座預金口座から支払った。
⇒「**買掛金**(負債)の減少」　／「**当座預金**(資産)の減少」

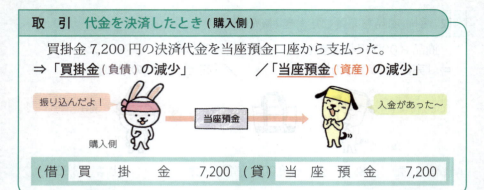

| (借) | 買　掛　金 | 7,200 | (貸) | 当　座　預　金 | 7,200 |

コラム │ Fight！

　私が教室で講師をしていた頃の話です。ミニテストなどを採点していると、「絶対、本人は頑張っているのに 0 点」という場面にぶつかります。

　そんなとき、「0 点」と書いたのでは、その人の努力そのものを否定し、無にしてしまうようで、どうしても嫌だったのです。そこで私は「Fight！」と書くことにしました。この「Fight！」は、中島みゆきの歌にある、あの「Fight！」なのです。あの歌のフレーズに、「戦う君の唄を、戦わない奴らが笑うだろー」とあって、本当にそうだなぁと思うのです。

　精一杯頑張って戦っても、失敗すると「何やお前、そんな失敗して・・・」と戦いもしなかった奴らに笑われます。でも、本当は精一杯戦ったこと、そのものが尊いのです。戦ってこそ、戦わない人には見えない真理が見えてきますし、経験もすれば成長もします。

　ですから未来は戦う人達のものです。いま他人に笑われようと、頑張って精一杯戦っていきましょう。強くなって、他人に優しくなるために。

| コラム | まだ果実は実っていない |

　人は別れ道に立つと「どちらかの道の先には果実がたわわに実っていて、もう一方の道の先には地獄が口をあけて待っている」と、そんなことを思ってしまう。

　しかし、それは間違っている。

　別れ道にいる今の時点では、果実もまだ実っていないし、地獄もない。道を進んでいく中の努力によって、果実は徐々に実り、おいしく食べられるようになるし、道を進む中で、怠けたり、さぼったりすることで、結果として地獄が目の前に広がってくる。

　そう、今はまだ果実は実っていない。これからの努力が、果実になる。

④商品の売買のさい、付随費用があるとき

商品の売買のさい、運賃・保険料・手数料などの付随費用が発生する場合があります。これらの付随費用は、販売側にとっては**販売諸掛り**、購入側にとっては**仕入諸掛り**といいます。

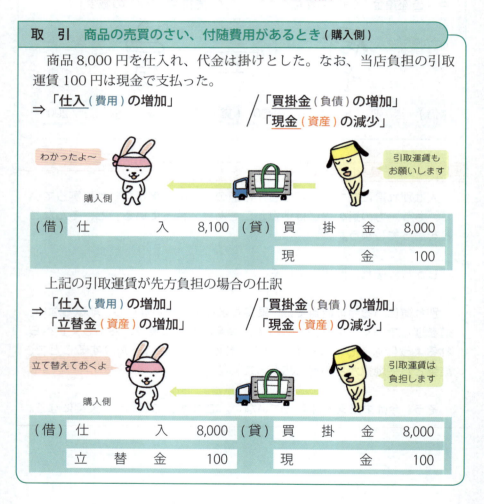

運賃・保険料・手数料などの付随費用が当店(購入側)負担の場合、『**仕入**(費用)』に含めて処理し、先方(販売側)負担の場合、『**立替金**(資産)』で処理します。

付随費用は、販売側・購入側のどちらが負担するかによって、処理が異なります。

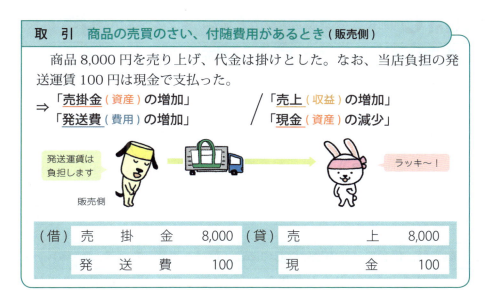

運賃・保険料・手数料などの付随費用が当店(販売側)負担の場合、『発送費(費用)』で処理し、先方(購入側)負担の場合、『立替金(資産)』で処理します。

なお、同じ相手先に対する債権であることから『立替金(資産)』を用いず、『売掛金(資産)』に含めて処理する場合があります。処理方法は、問題の指示にしたがいましょう。

「立替金」は㉑立替金と預り金で学習します。
また、付随費用を販売側、購入側のどちらが負担するのか注意しましょう。「半額ずつ負担する」場合もあります。

⑤代金の一部の受け渡しのあと、商品を売買したとき

　　代金の一部(**内金**、**手付金**など)を前もって支払い、あとで商品を受け取ることがあります。代金の一部を前もって支払った場合、『**前払金**(資産)』で処理します。

Point ▷ 前払金 ⇒ 資産 ⇒ 増えたら借方、減ったら貸方に記入

取　引　代金の一部の受け渡しのあと、商品を売買したとき(購入側)

商品 5,000 円の注文をし、手付金として 1,000 円を現金で支払った。
⇒「**前払金**(資産)の増加」　　／「**現金**(資産)の減少」

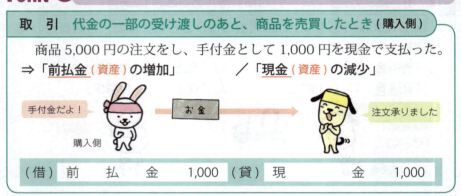

| (借) | 前　払　金 | 1,000 | (貸) | 現　　　金 | 1,000 |

取　引　代金の一部の受け渡しのあと、商品を売買したとき(購入側)

商品 5,000 円を仕入れ、代金のうち 1,000 円はすでに支払った手付金と相殺し、残額は掛けとした。
⇒「**仕入**(費用)の増加」　　／「**前払金**(資産)の減少」
　　　　　　　　　　　　　　　「**買掛金**(負債)の増加」

| (借) | 仕　　　入 | 5,000 | (貸) | 前　払　金 | 1,000 |
| | | | | 買　掛　金 | 4,000 * |

＊　5,000 円 − 1,000 円 = 4,000 円

「相殺」とは、貸し借りなどをお互いに消し合って、ゼロにすることです。
ここでは、「商品代金」と「手付金」を相殺しています。

代金の一部（**内金**、**手付金**など）を前もって受け取り、あとで商品を引き渡すことがあります。代金の一部を前もって受け取った場合、『**前受金**（負債）』で処理します。

Point ▶ 前受金 ⇒ 負債 ⇒ 増えたら貸方、減ったら借方に記入

取 引 代金の一部の受け渡しのあと、商品を売買したとき（販売側）

商品 5,000 円の注文を受け、手付金として 1,000 円を現金で受け取った。

⇒「**現金**（資産）の増加」 ／「**前受金**（負債）の増加」

注文承りました

手付金だよ！

販売側

お 金

（借）	現	金	1,000	（貸）	前 受 金	1,000

取 引 代金の一部の受け渡しのあと、商品を売買したとき（販売側）

商品 5,000 円を売り上げ、代金のうち 1,000 円はすでに受け取っていた手付金と相殺し、残額は掛けとした。

⇒「**前受金**（負債）の減少」 ／「**売上**（収益）の増加」
　「**売掛金**（資産）の増加」

いいですよ！

残りは掛けにして！

販売側

（借）	前 受 金	1,000	（貸）	売 上	5,000
	売 掛 金	4,000 *			

＊ 5,000 円－ 1,000 円＝ 4,000 円

販売側は、商品を引き渡したときに『**売上**（収益）』を計上し、購入側は、**商品を実際に仕入れたときに**、『**仕入**（費用）』を計上します。手付金を受け払いしたときではないので注意しましょう。

81

商品券による売り上げ

　　商品を販売し、代金を商品券で受け取った場合は、どうなるのでしょう？

　　商品券は、発行した会社に持ち込むと、お金に換えてもらうことができます。「**お金をもらえる権利(債権)**」の1つとして、『**受取商品券(資産)**』で処理します。

> **Point ▶** 受取商品券 ⇒ 資産 ⇒ 増えたら借方、減ったら貸方に記入
> 　　　　　　頭に「受取」と付く科目だが、収益ではない点に注意

商品券の仕訳

商品券の仕訳は、次の3つがあります。
① **商品券を受け取ったとき**
② **商品券を使って購入したとき**
③ **商品券の精算をしたとき**

取　引　①商品券を受け取ったとき

商品 5,000 円を売り上げ、代金は商品券 5,000 円を受け取った。
⇒「**受取商品券(資産)の増加**」　　／「**売上(収益)の増加**」

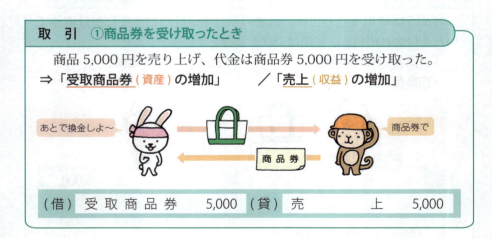

| (借) | 受 取 商 品 券 | 5,000 | (貸) | 売　　　　上 | 5,000 |

「商品の代金」と「商品券の金額」に差額がある場合、現金等の
受け渡しがあります。

取引 ②商品券を使って購入したとき

受け取った商品券 3,000 円を使い、備品を購入した。
⇒「備品(資産)の増加」　／「受取商品券(資産)の減少」

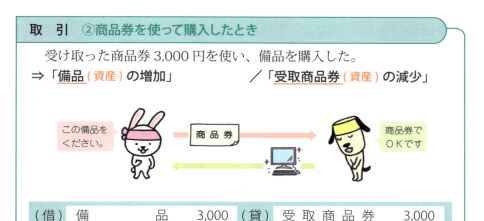

(借) 備　　　　品　　3,000　(貸) 受 取 商 品 券　　3,000

取引 ③商品券の精算をしたとき

商品券 2,000 円を精算し、現金を受け取った。
⇒「現金(資産)の増加」　／「受取商品券(資産)の減少」

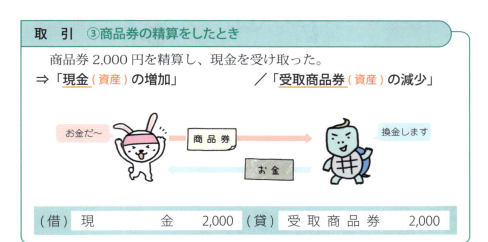

(借) 現　　　　金　　2,000　(貸) 受 取 商 品 券　　2,000

コラム　受け取った商品券は使った方がトク！

　本編では扱っていませんが、商品券を精算すると、現実には 3 ％程度の手数料が取られてしまいます。
(借) 現　　　　金　　1,940　(貸) 受取商品券　　2,000
　　 支払手数料　　　　60
　ですから、商品券を受け取ったら「必要なものを購入した方がトク」ということになるのです。

クレジットカードによる売り上げ

クレジットカードの使用を認めている会社では、クレジットカード払いで商品を販売することがあります。このとき、クレジット会社に対する債権が発生し、これを『**クレジット売掛金(資産)**』として処理します。

クレジット売掛金とは、クレジットカードを使った取引により生じた売掛金のことです。

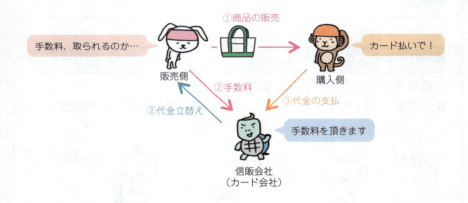

商品販売時の代金は、クレジットカード会社(信販会社)が当社(販売側)に代わって回収し、クレジットカード会社から、手数料を差し引かれた残額を受け取ります。

クレジットカードによる売上の処理

①商品販売時
商品を販売したとき、信販会社に対する手数料を『**支払手数料(費用)**』で処理し、残額を『**クレジット売掛金(資産)**』で処理します。

Point ▶ クレジット売掛金⇒資産⇒増えたら借方、減ったら貸方

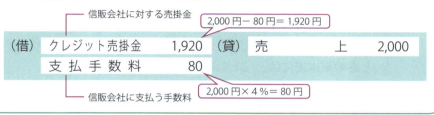

 クレジット売掛金は、貸借対照表上、一般の売掛金と合算して表示します。

②代金受取時

　信販会社から代金を受け取ったときに、『**クレジット売掛金(資産)**』を**減少**させます。

| 取　引 | クレジット売掛金の処理(代金受取時) |

　4％の手数料を差し引かれた残額 1,920 円が、信販会社から当社の当座預金口座に振り込まれた。

| (借) | 当　座　預　金 | 1,920 | (貸) | クレジット売掛金 | 1,920 |

 信販会社に対する売掛金…クレジット売掛金（資産）
信販会社に支払う手数料…支払手数料（費用）

請求書から仕訳をしてみよう

　　　　商品を掛けで仕入れたときは、仕入先から請求書が送付されてきます。また、商品を掛けで売り上げたときは、当社が得意先に請求書を送付します。このとき自社で、どの商品を売ったのかを確認できるように控えをとっておきます。そのため、売り上げたときの請求書には、「請求書（控）」と記載があります。

取　引　請求書（商品を仕入れたとき）

　商品を仕入れ、品物とともに次の請求書を受け取り、代金は後日支払うこととした。

請求書

ＮＳ株式会社　御中

千石食品（株）

品物	数量	単価	金額
味噌ラーメンセット	50	1,200	¥ 60,000
塩タンメンセット	30	800	¥ 24,000
豚骨ラーメンセット	60	1,500	¥ 90,000
	合計		¥ 174,000

X9年8月29日までに合計額を下記口座へお振込み下さい。
東京銀行千石支店　普通　7654321　センゴクシヨクヒン（カ

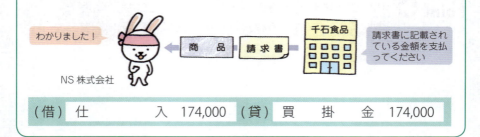

（借）仕　　　　入　174,000　（貸）買　　掛　　金　174,000

取 引　請求書（商品を売り上げたとき）

　商品を売り上げ、品物とともに次の請求書の原本を発送し、代金の全額を掛代金として処理した。

請求書（控）

小石川商店　御中

NS株式会社

品物	数量	単価	金額
味噌ラーメンセット	30	1,500	¥ 45,000
塩タンメンセット	30	1,100	¥ 33,000
豚骨ラーメンセット	40	1,800	¥ 72,000
		合計	¥150,000

X9年9月29日までに合計額を下記口座へお振込み下さい。
東京銀行神保町支店　普通　9876543　エヌエス（カ

| (借) | 売 掛 金 | 150,000 | (貸) | 売　上 | 150,000 |

得意先に請求書の原本を送付し、当社は請求書の控えを取っておきます。
なお、1か月分をまとめて仕訳する場合もあります。
問題文の指示に従いましょう。

Point ▶ 自分が購入側なのか販売側なのかをしっかり把握する

入出金明細から仕訳をしてみよう

売掛金の回収や買掛金の支払いは、実務では通常、普通預金口座や当座預金口座から行われます。

取引　入出金明細

東京銀行の普通預金口座の入出金明細を参照したところ、次のとおりであった。ＮＳ株式会社の各取引日において必要な仕訳を示しなさい。なお、千石食品および小石川商店はそれぞれ当社の商品の取引先であり、商品売買取引はすべて掛けで行っている。

```
                                          X9年9月30日
                     入出金明細

  ＮＳ株式会社　様
                                        東京銀行神保町支店
```

取引日	摘要	お支払金額	お預り金額	取引残高
8.26	お振込　千石食品	174,000		省略
8.26	お振込手数料	300		
9.27	お振込　小石川商店		150,000	

8月26日

（借）	買　掛　金	174,000	（貸）	普　通　預　金	174,300
	支払手数料	300			

9月27日

（借）	普　通　預　金	150,000	（貸）	売　掛　金	150,000

「お支払金額」は普通預金の減額
「お預り金額」は普通預金の増額　です。

基本問題⑦　商品売買の処理

解答…P311

下記の(1)〜(4)における一連の取引について仕訳しなさい。

(1)

1．商品 100,000 円を売り上げ、代金は掛けとした。なお、当店負担の発送運賃 5,000 円は現金で支払った。

2．売り上げた商品の一部に品違いがあったため、商品 10,000 円の返品を受け、掛代金から差し引いた。

3．売掛金の決済代金が当座預金口座に振り込まれた。

(2)

1．商品 150,000 円の注文を受け、手付金として 20,000 円を現金で受け取った。

2．商品 150,000 円を売り上げ、代金のうち 20,000 円はすでに受け取っていた手付金と相殺し、残額は掛けとした。

答案用紙

(1)

	借方科目	金額	貸方科目	金額
1．				
2．				
3．				

(2)

	借方科目	金額	貸方科目	金額
1．				
2．				

(3)
1．商品 100,000 円を仕入れ、代金は掛けとした。
2．仕入れた商品の一部に品違いがあったため、商品 10,000 円の返品をし、掛代金から差し引いた。
3．買掛金の決済代金を当座預金口座から支払った。

(4)
1．商品 150,000 円の注文をし、手付金として 20,000 円を現金で支払った。
2．商品 150,000 円を仕入れ、代金のうち 20,000 円はすでに支払った手付金と相殺し、残額は掛けとした。

答案用紙

(3)

	借方科目	金額	貸方科目	金額
1.				
2.				
3.				

(4)

	借方科目	金額	貸方科目	金額
1.				
2.				

トレーニング　基礎編の問題 20～22 も解いておこう！

基本問題⑧　クレジット売掛金・受取商品券

解答…P312

下記の各取引について仕訳しなさい。

1．商品80,000円をクレジット払いの条件で販売した。なお信販会社への手数料(販売代金の5％)は販売時に計上する。
2．上記1．の販売代金が信販会社から当社の当座預金口座に振り込まれた。
3．商品38,000円を売り上げ、代金は山形百貨店発行の商品券を受け取った。
4．山形百貨店発行の商品券38,000円を精算し、現金を受け取った。

答案用紙

	借方科目	金額	貸方科目	金額
1.				
2.				
3.				
4.				

トレーニング　基礎編の問題23も解いておこう！

コラム　支払手数料を販売時に計上する意味

　支払手数料を回収時に計上することを前提に、販売時に次の仕訳をすることは正しくありません。
(借) クレジット売掛金　5,000　　(貸) 売　　　上　5,000
　当期中に回収して支払手数料を計上すれば同じ結果になるのですが、その間に決算が入ると、資産が過大計上されてしまうことになるためです。

「三分法」では期末にまとめて

売上原価の算定

三分法では、利益はどうやって計算する？

分記法では、商品を販売したときに、『**商品売買益**(収益)』を計上し、利益を計算していましたが、**三分法**では、商品を販売したときに、利益を計算していません。

単純に、「**売上**」から「**仕入**」を差し引いた金額を「**利益**」とするのは正しいのでしょうか？

商品を仕入れたとき

1個100円のバッグ5個を仕入れ、このうち4個を1個あたり150円で販売したとしましょう。

このとき、『**売上**(収益)』から『**仕入**(費用)』を差し引くと100円(＝600円－500円)になりますが、この100円が利益といえるでしょうか？

販売したバッグの原価は、400円(＝＠100円×4個)と計算できるので、利益は200円(＝600円－400円)になるはずです。

このように、単純に『**売上**(収益)』から『**仕入**(費用)』を差し引いてはいけないことがわかります。

販売したバッグの数と仕入れたバッグの数が異なるためです。

『仕入(費用)』の金額を、「販売した商品の原価」にするにはどうすればいいのでしょうか？

『仕入(費用)』に計上していた商品のうち、期末に、未販売分を『繰越商品(資産)』に振り替えることで、『仕入(費用)』において、「販売した商品の原価」を算定することができます。

取　引　期末に未販売の商品があるとき(三分法)

期末に、商品の棚卸しを行ったところ、未販売のバッグ1個(@100円)があった。
⇒「繰越商品(資産)の増加」　　／「仕入(費用)の減少」

| (借) | 繰 越 商 品 | 100 | (貸) | 仕　　　入 | 100 |

決算にあたり、この処理を行うことで、当期の利益を算定することができます。

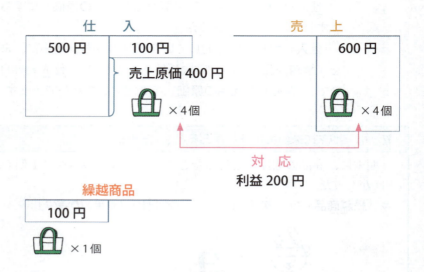

 未販売の商品の金額を『仕入(費用)』から控除することによって、「販売した商品の原価」にします。

　「**当期に販売した商品の原価**」である 400 円を **売上原価**(うりあげげんか) といいます。
　売上から売上原価を差し引くことで当期の利益がわかります。

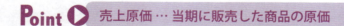
Point ▶ 売上原価 … 当期に販売した商品の原価

前期末に未販売の商品がある場合

　前期末に未販売の商品があり、その商品が当期に繰り越されてきた場合、「**売上原価**」はどのように計算するのでしょうか？

　前期末に未販売のバッグ1個(@100円)と当期に仕入れたバッグ5個(@100円)があり、このうち4個を1個あたり150円で販売したとしましょう。

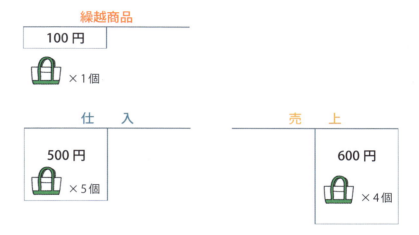

販売できるバッグの数は合計6個(＝1個＋5個)になります。

　販売できるバッグの数は6個、そのうち、販売したバッグは4個なので、当期末に未販売のバッグは2個になります。
　このような場合、『**仕入(費用)**』において、「**販売した商品の原価**」を算定するにはどうすればいいのでしょうか？

取　引　売上原価の算定　『仕入(費用)』で計算する場合

仕入勘定を用いて売上原価の算定を行う。なお、期首商品棚卸高は100円、当期商品仕入高は500円、期末商品棚卸高は200円である。

①期首商品棚卸高　100円←まず、期首商品の金額を『仕入』に加えます

⇒「仕入(費用)の増加」　　　／「繰越商品(資産)の減少」

| (借) | 仕　　　　入 | 100 | (貸) | 繰　越　商　品 | 100 |

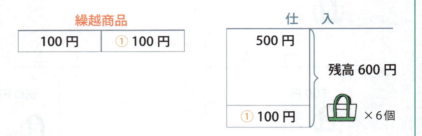

②期末商品棚卸高　200円←期末商品の金額を『仕入』から減らします。

⇒「繰越商品(資産)の増加」　　　／「仕入(費用)の減少」

| (借) | 繰　越　商　品 | 200 | (貸) | 仕　　　　入 | 200 |

売上原価を『仕入(費用)』で計算する場合は、まず、前期末に未販売の商品100円(期首商品棚卸高)を、『繰越商品(資産)』から『仕入(費用)』に振り替えます。

　次に、当期末に未販売の商品200円(期末商品棚卸高)を、『仕入(費用)』から『繰越商品(資産)』に振り替えます。

「振替え」とは、ある勘定の金額を、他の勘定に移すことです。

　上記の振り替えは『仕入(費用)』において、「期首商品棚卸高」に「当期商品仕入高」を加え、「期末商品棚卸高」を差し引くことで売上原価を計算しています。

　売上原価：100円＋500円－200円＝400円

「当期商品仕入高」は、当期に仕入れた商品の合計金額です。

> **超重要**　売上原価＝期首商品棚卸高＋当期商品仕入高－期末商品棚卸高

売上原価の計算はどこで行う？

　これまで、『仕入(費用)』で売上原価を計算してきましたが、他にも、『売上原価(費用)』を新たに設けて、計算する方法もあります。

　計算結果は同じですが、計算する勘定口座の場所が異なるため、仕訳も異なります。

売上原価勘定には、当期商品仕入高が記入されているわけではないため、仕入勘定で売上原価を計算する場合の仕訳とは異なるので注意しましょう。

取　引　売上原価の算定　『売上原価（費用）』で計算する場合

　売上原価勘定を用いて売上原価の算定を行う。なお、期首商品棚卸高は100円、当期商品仕入高は500円、期末商品棚卸高は200円である。

①期首商品棚卸高　100円←期首商品を『売上原価』に移します。

⇒「**売上原価**（費用）の増加」　　　／「**繰越商品**（資産）の減少」

（借）	売 上 原 価	100	（貸）	繰 越 商 品	100

繰越商品	
100 円	① 100 円

売上原価	
① 100 円	

×1個

②当期商品仕入高　500円←当期の仕入を『売上原価』に移します。

⇒「**売上原価**（費用）の増加」　　　／「**仕入**（費用）の減少」

（借）	売 上 原 価	500	（貸）	仕 入	500

仕　入	
500 円	② 500 円

売上原価	
① 100 円	
② 500 円	

残高 600 円

×6個

③期末商品棚卸高　200円←期末商品を『売上原価』から減らします。

⇒「**繰越商品**（資産）の増加」　　　／「**売上原価**（費用）の減少」

（借）	繰 越 商 品	200	（貸）	売 上 原 価	200

繰越商品	
100 円	① 100 円
③ 200 円	

残高 200 円

×2個

売上原価	
① 100 円	③ 200 円
② 500 円	

売上原価 400 円

×4個

売上原価を『売上原価(費用)』で計算する場合は、まず、前期末に未販売の商品100円を、『繰越商品(資産)』から『売上原価(費用)』に振り替えます。

　次に、当期に仕入れた商品500円を、『仕入(費用)』から『売上原価(費用)』に振り替えます。

　最後に、当期末に未販売の商品200円を、『売上原価(費用)』から『繰越商品(資産)』に振り替えます。

　上記の振替えは、『売上原価(費用)』において、売上原価を計算するためのものであり、「期首商品棚卸高」に「当期商品仕入高」を加え、「期末商品棚卸高」を差し引くものになっています。

　売上原価：100円＋500円－200円＝400円

売上原価の算定　『仕入(費用)』で計算する場合
①期首商品棚卸高　『繰越商品(資産)』から『仕入(費用)』へ振り替え
（借）　仕　　入　　××　　（貸）　繰 越 商 品　　××
②期末商品棚卸高　『仕入(費用)』から『繰越商品(資産)』へ振り替え
（借）　繰 越 商 品　　××　　（貸）　仕　　入　　××

売上原価の算定　『売上原価(費用)』で計算する場合
①期首商品棚卸高　『繰越商品(資産)』から『売上原価(費用)』へ振り替え
（借）　売 上 原 価　　××　　（貸）　繰 越 商 品　　××
②当期商品仕入高　『仕入(費用)』から『売上原価(費用)』へ振り替え
（借）　売 上 原 価　　××　　（貸）　仕　　入　　××
③期末商品棚卸高　『売上原価(費用)』から『繰越商品(資産)』へ振り替え
（借）　繰 越 商 品　　××　　（貸）　売 上 原 価　　××

基本問題⑨　売上原価の算定

解答…P312

次の資料にもとづいて、売上原価を (1) 仕入勘定を用いる方法、(2) 売上原価勘定を用いる方法によって仕訳し、(3)当期の利益額を計算しなさい。なお、商品売買の処理は、三分法により行っている。

期首商品棚卸高：25,000 円　　当期商品仕入高： 75,000 円
期末商品棚卸高：20,000 円　　売　　上　　高：100,000 円

答案用紙

	借方科目	金額	貸方科目	金額
(1)				
(2)				

(3) 利益額 _____ 円

トレーニング　基礎編の問題 24 〜 25 も解いておこう！

第6章

債権と債務

　債権と債務には、いろいろな形があります。
　証書を交わせば**貸付金・借入金**ですし、手形を発行すれば**受取手形・支払手形**、はたまた電子化すれば**電子記録債権・電子記録債務**となります。

　ここで問題は、形のないもの。掛けです。
　これは、**社内の担当部署で切り分けます。**
　商品を売った代金、つまり**営業部門が管轄する債権は「売掛金」**、総務部門など**営業以外の部門が、古紙や不要備品を売却した債権は「未収入金」**となります。
　営業が売った後の債権、売掛金は営業部門に回収責任がありますが、古紙や不要備品を売却した債権は営業部門に回収責任はないですよね。
　この切り分けが重要になります。
　ここに気を付けて、いきましょう！

　　債権は○○を受け取る権利があり、
　　債務は○○を引き渡す義務があると考えましょう。

14 第6章 明確な取り決めをする
約束手形

手形とは？

手形とは、「だれが、だれに、いつまでに、いくら支払う」ということを約束した証券です。

> **Point ▷** 手形…「だれが、だれに、いつまでに、いくら支払う」ということを約束した証券

「為替手形」は出題範囲ではないため、本書では、「約束手形」についてのみ学習します。

手形のメリット

会社を経営するうえで、「**現金の受け取りは早く、現金の支払いは遅いほうがよい**」とされます。

「**商品を仕入れ、代金は手形を振り出した**」という場合を考えてみましょう。手形を振り出した場合、代金の支払日である**支払期日**は通常、2～3か月後となるため、支払いを先延ばしにすることができます。

そのため、手形を使うことによって、お店の資金繰りが安定します。

手形を作成することを「手形の振出し」といいます。

現金仕入　　　　掛仕入　　　　手形仕入

約束手形とは？

約束手形の中央の細かい文字に注目してください。硝子商事が花街商事に 500,000 円を「**お支払いいたします**」と書かれており、**振出人**（手形を振り出した人：硝子商事）が **名宛人**（手形を受け取った人：花街商事）に 500,000 円を X1 年 9 月 10 日に支払うことを約束しています。

```
              約 束 手 形
┌─────┐  花街商事　坂咲水月　殿   ┌──────────────────┐
│収 入 │                          │支払期日　X1年9月10日│
│印 紙 │   ￥500,000 ※           │支払地　東京都千代田区│
│200円 │                          │支払場所            │
│ (印) │                          │東京銀行横浜支店    │
└─────┘                          └──────────────────┘

  上記金額をあなたまたはあなたの指図人へこの約束手形を引替え
  にお支払いいたします
  振出地　東京都千代田区○○

  振出人　硝子商事

         代表取締役　大田　真琴　(印)
```

「支払期日」を「満期日」ということがあります。

約束手形を振り出した場合、「**お金を支払う義務（債務）**」が生じるので、『**支払手形**（負債）』で処理します。

約束手形を受け取った場合、「**お金をもらえる権利（債権）**」が生じるので、『**受取手形**（資産）』で処理します。

Point ▶ 支払手形 ⇒ 負債 ⇒ 増えたら貸方、減ったら借方に記入
　　　　　 受取手形 ⇒ 資産 ⇒ 増えたら借方、減ったら貸方に記入

約束手形の仕訳

約束手形の仕訳には、次の2つがあります。
① 約束手形を振り出した(または、受け取った)とき
② 約束手形の代金が決済されたとき

取 引　①約束手形を振り出したとき

ウサギ社は商品8,000円を仕入れ、代金は約束手形を振り出して支払った。
⇒「**仕入**(費用)の増加」　　／「**支払手形**(負債)の増加」

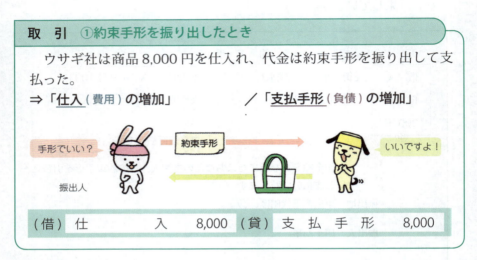

(借) 仕　　　入　8,000　(貸) 支 払 手 形　8,000

取 引　②約束手形の代金が決済されたとき(振出人)

支払期日をむかえた約束手形8,000円の決済代金が、当座預金口座から引き落とされた。
⇒「**支払手形**(負債)の減少」　　／「**当座預金**(資産)の減少」

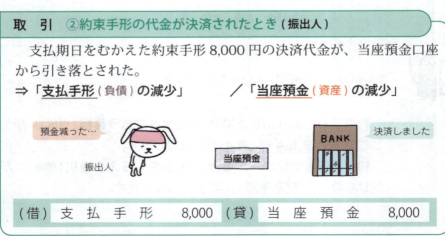

(借) 支 払 手 形　8,000　(貸) 当 座 預 金　8,000

超重要
振出人（支払人）…手形を振り出した人
名宛人（受取人）…手形を受け取った人

取　引　①約束手形を受け取ったとき

　イヌ社は商品8,000円を売り上げ、代金は約束手形を受け取った。
⇒「受取手形(資産)の増加」　　／「売上(収益)の増加」

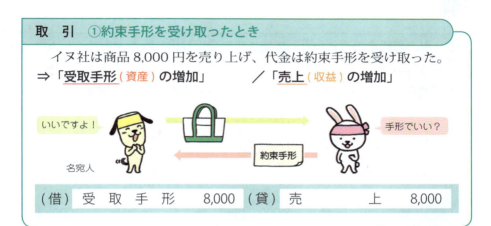

| （借） | 受　取　手　形 | 8,000 | （貸） | 売　　　　　上 | 8,000 |

取　引　②約束手形の代金が決済されたとき（名宛人）

　支払期日をむかえた約束手形8,000円の決済代金が、当座預金口座に振り込まれた。
⇒「当座預金(資産)の増加」　　／「受取手形(資産)の減少」

| （借） | 当　座　預　金 | 8,000 | （貸） | 受　取　手　形 | 8,000 |

受け取った手形は、そのまま銀行に預けておき、最終的に銀行間で決済されることが多いので預金の増減となります。

手形の使用方法には、**買掛金の支払い**として約束手形を振り出す場合や、**売掛金の回収**として約束手形を受け取る場合もあります。

掛け代金の支払いを延長するために、手形を振り出すこともあります。

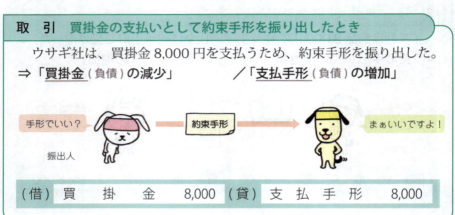

取引　買掛金の支払いとして約束手形を振り出したとき

ウサギ社は、買掛金 8,000 円を支払うため、約束手形を振り出した。
⇒「買掛金(負債)の減少」　　／「支払手形(負債)の増加」

（借）買　掛　金　8,000　（貸）支　払　手　形　8,000

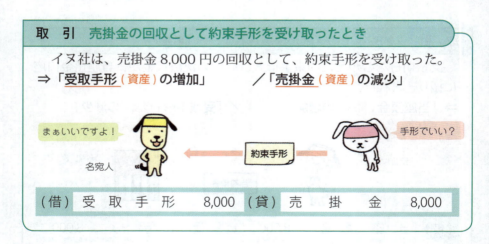

取引　売掛金の回収として約束手形を受け取ったとき

イヌ社は、売掛金 8,000 円の回収として、約束手形を受け取った。
⇒「受取手形(資産)の増加」　　／「売掛金(資産)の減少」

（借）受　取　手　形　8,000　（貸）売　掛　金　8,000

基本問題⑩ 受取手形と支払手形

解答…P313

下記の(1)、(2)における一連の取引について仕訳しなさい。

(1)
1．千葉商店より商品140,000円を仕入れ、代金は掛けとした。
2．千葉商店に対する買掛金140,000円を支払うため、同店宛ての約束手形を振り出した。
3．千葉商店に振り出した約束手形が満期日をむかえ、当座預金口座から引き落とされた。

(2)
1．東京商店に商品190,000円を売り上げ、代金は掛けとした。
2．東京商店に対する売掛金の回収として、同店振出しの約束手形190,000円を受け取った。
3．東京商店振出しの約束手形が満期日をむかえ、当座預金口座に振り込まれた。

答案用紙

(1)

	借方科目	金額	貸方科目	金額
1.				
2.				
3.				

(2)

	借方科目	金額	貸方科目	金額
1.				
2.				
3.				

トレーニング　基礎編の問題26も解いておこう！

コラム　真実をみるときは割り算、ウソをつくときは掛け算

　真実をみるときは、割り算を使います。

　「一人あたりの売上」とか「一軒当たりの利益」とか「1時間当たりの製造数量」といった形で、計算して比べることで、はじめて「その人の貢献度」だったり、「相手先の重要性」だったり「製造効率」だったりがわかります。つまり、割り算をしないと、ほんとうの姿は見えてこないのです。ちなみに、財務分析は、1つ残らず割り算で計算して行います。真実をみるために行うものなのですから。

　一方、ウソをつくときには掛け算がいい。

　よく、新しい市場に参入するときに『想定される市場規模×見込みのシェア×利益率』で見込みの利益を計算して夢を見たりするのですが、この通りになることなど、まずない。それは、そのときに気付いていないパラメーターがあって、それが影響するから。下手をすると、誰も気づいていない『×0』があったりすると、結果は確実に0ということになる。

　でも、人を説得するには、こういった掛け算は便利です。誰も気づいていない『×0』は、お互いに気付いていないのですから、話は進みます。

　こんな数字の使い方、ちょっと知っておきましょう。

お金の貸し借りには利息がつきもの

貸付金と借入金

第6章 15

貸付け・借入れ

　取引先へお金を貸したり、取引先や銀行からお金を借りたりすることがあります。貸したお金のことを**貸付金**、借りたお金のことを**借入金**といいます。

　お金を貸すと、「**お金を返してもらえる権利(債権)**」が生じるので、『**貸付金(資産)**』で処理します。

　お金を借りると、「**お金を返す義務(債務)**」が生じるので、『**借入金**(負債)』で処理します。

お金の貸し借りの証拠として、借用証書を作成することがあります。

Point ▶ 貸付金 ⇒ 資産 ⇒ 増えたら借方、減ったら貸方に記入
　　　　　借入金 ⇒ 負債 ⇒ 増えたら貸方、減ったら借方に記入

貸付け・借入れの仕訳

　貸付け・借入れの仕訳には、次の2つがあります。
　①**お金を貸した(または、借りた)とき**
　②**お金を返してもらった(または、返した)とき**

カメ商店側の仕訳です。

取 引　①お金を貸したとき

カメ商店は、ウサギ社に現金 8,000 円を貸し付けた。
⇒「**貸付金**(資産)の増加」　　／「**現金**(資産)の減少」

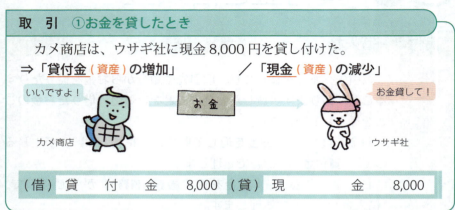

| (借) | 貸　付　金 | 8,000 | (貸) | 現　　　金 | 8,000 |

取 引　②お金を返してもらったとき

カメ商店は、ウサギ社に対する貸付金 8,000 円を利息とともに現金で回収した。なお、貸付期間は 5 か月、年利率 3 ％である。
⇒「**現金**(資産)の増加」　　／「**貸付金**(資産)の減少」
　　　　　　　　　　　　　　　「**受取利息**(収益)の増加」

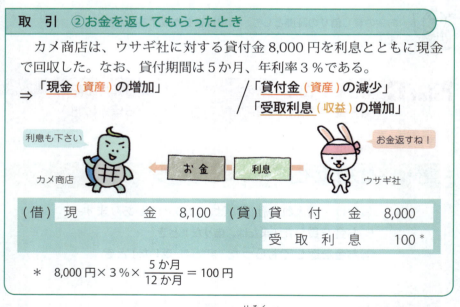

| (借) | 現　　　金 | 8,100 | (貸) | 貸　付　金 | 8,000 |
| | | | | 受　取　利　息 | 100 * |

*　$8,000 \text{円} \times 3\% \times \dfrac{5\text{か月}}{12\text{か月}} = 100\text{円}$

　　通常、お金の貸し借りには**利息**が生じます。利息を受け取った場合、『**受取利息**(収益)』で処理し、利息を支払った場合、『**支払利息**(費用)』で処理します。

ウサギ社側の仕訳です。

取引 ①お金を借りたとき

ウサギ社は、カメ商店より現金8,000円を借り入れた。
⇒ 「現金(資産)の増加」　　／「借入金(負債)の増加」

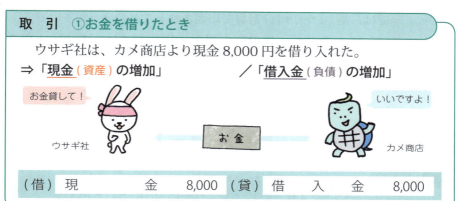

| (借) | 現　　　　金 | 8,000 | (貸) | 借　入　金 | 8,000 |

取引 ②お金を返したとき

ウサギ社は、カメ商店に対する借入金8,000円を利息とともに現金で返済した。なお、借入期間は5か月、年利率3％である。
⇒ 「借入金(負債)の減少」　　／「現金(資産)の減少」
　 「支払利息(費用)の増加」

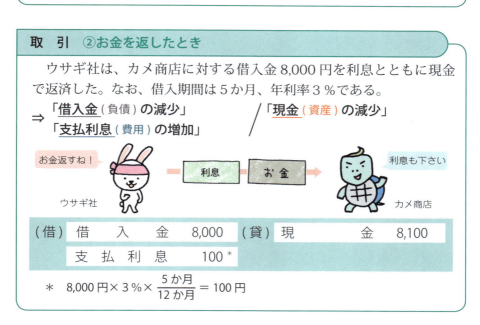

| (借) | 借　入　金 | 8,000 | (貸) | 現　　　　金 | 8,100 |
| | 支　払　利　息 | 100 * |

* $8,000 円 \times 3\% \times \dfrac{5 か月}{12 か月} = 100 円$

利息の月割計算

受取利息 ＝ 貸付金額 × 年利率 × $\dfrac{貸付期間}{12 か月}$

支払利息 ＝ 借入金額 × 年利率 × $\dfrac{借入期間}{12 か月}$

利息の計算

　利息は本来、日割(1日単位)で計算されるものですが、本試験では月割(1か月単位)計算で出題されることのほうが多いです。

　仮に、前のページの取引で借入期間が146日間で、1年を365日として日割計算した場合、利息額は次のように計算します。

$$8,000円 \times 3\% \times \frac{146日}{365日} = 96円$$

日割計算には、月あたりの日数の計算が必要になるので、何月が何日あるのかを知っておく必要があります。

覚え方：に(2月) し(4月) む(6月) く(9月) 士(11月) 小の月
　　　　⇒2月、4月、6月、9月、11月に31日はないよという意味です。

入出金明細から仕訳をしてみよう

銀行などの金融機関からお金を借りたり、それを返済するときには、普通預金口座や当座預金口座を利用することがほとんどです。

取引　入出金明細

取引銀行の普通預金の入出金明細を参照したところ次のとおりであった。そこで、7月25日において必要な仕訳を答えなさい。

入出金明細

日付	内容	出金金額	入金金額	取引残高
7.25	融資ご返済	800,000		省略
7.25	融資お利息	4,000		

（借）借　入　金　800,000　（貸）普　通　預　金　804,000
　　　支　払　利　息　　4,000

融資とは、資金を融通することです。銀行からみれば、会社にお金を貸し出すことです。

約束手形を用いた貸付け・借入れ

お金の貸付け(または、借入れ)のさい、借用証書の代わりに**約束手形を受け取る(または、振り出す)**場合があります。
約束手形を受け取って、お金を貸した場合、『**手形貸付金**(資産)』で処理します。

取 引　①約束手形を用いた貸付け

ウサギ社は、カメ商店に現金を貸し付け、同店振出しの約束手形8,000円を受け取った。なお、利息は返済時に受け取ることにした。
⇒「**手形貸付金**(資産)の増加」　／「**現金**(資産)の減少」

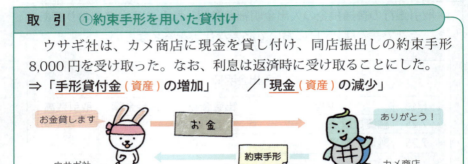

| (借) | 手形貸付金 | 8,000 | (貸) | 現　金 | 8,000 |

取 引　②お金を返してもらったとき

ウサギ社は、カメ商店に対する約束手形の受取りによる貸付金8,000円を利息100円とともに現金で回収した。
⇒「**現金**(資産)の増加」　／「**手形貸付金**(資産)の減少」
　　　　　　　　　　　　　　　「**受取利息**(収益)の増加」

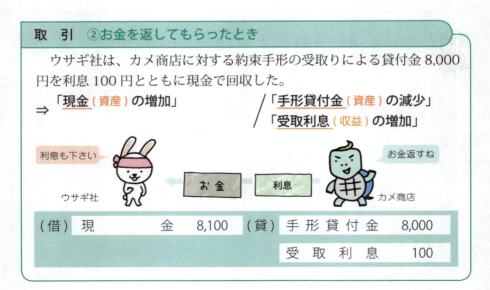

| (借) | 現　金 | 8,100 | (貸) | 手形貸付金 | 8,000 |
| | | | | 受取利息 | 100 |

約束手形を振り出して、お金を借りた場合、『**手形借入金**(負債)』で処理します。

 約束手形を用いた貸付け・借入れの場合、使用する勘定科目に注意しましょう。

取 引 ①約束手形を用いた借入れ

カメ商店は、ウサギ社より現金を借り入れ、約束手形8,000円を振り出した。なお、利息は返済時に支払うことにした。

⇒「**現金**(資産)の増加」 ／「**手形借入金**(負債)の増加」

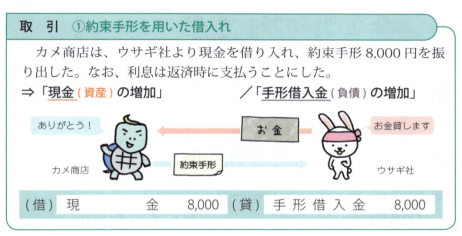

取 引 ②お金を返したとき

カメ商店は、ウサギ社に対する約束手形の振出しによる借入金8,000円を利息100円とともに現金で返済した。

⇒「**手形借入金**(負債)の減少」 ／「**現金**(資産)の減少」
　「**支払利息**(費用)の増加」

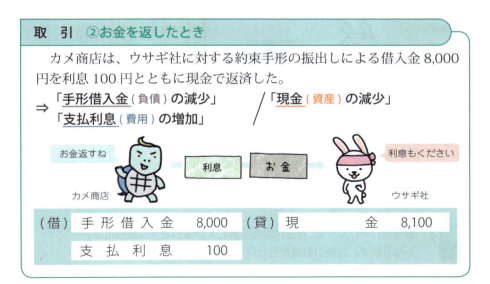

社長が会社のお金に手をつけると…

16 第6章 役員貸付金・役員借入金

役員貸付金とは？

　　小規模の会社では、経営者（社長）が会社のお金や商品を個人的に持ち出して使うことがあります。
　　このようなときに『**役員貸付金**（資産）』で処理しておき、後日返済してもらいます。

Point ▶ 会社の立場で仕訳をします。

取　引　①社長が私用で会社の商品や現金を使ったとき

　ウサギ社の社長が私用のため、仕入原価100円の商品を自家消費するとともに、現金200円を持ち出した。

⇒「**役員貸付金**（資産）の増加」　／「**仕入**（費用）の減少」
　　　　　　　　　　　　　　　　　「**現金**（資産）の減少」

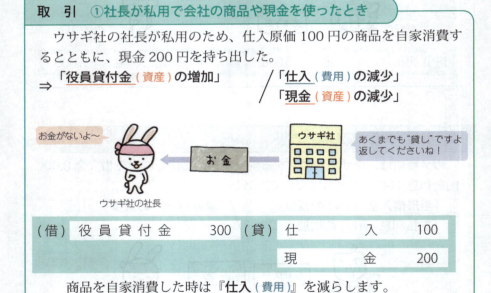

（借）役員貸付金	300	（貸）仕　　　　入	100
		現　　　　金	200

商品を自家消費した時は『**仕入**（費用）』を減らします。

　　会社の立場に立てば、社長にお金を貸しているので「役員貸付金」
　　となります。社長の目線から仕訳をしないようにしましょう。

役員借入金とは？

　小規模の会社では、会社の資金が足りなくなると、経営者(社長)が個人のお金を会社に入れることがあります。

　このときに会社は、『**役員借入金**(負債)』として処理しておき、後日返済します。

取引　②社長が個人のお金を会社に入れたとき

　ウサギ社の資金が不足してきたため、社長が個人の資産から現金1,000円を、会社の当座預金口座に入金した。なお、このとき、社長に対する役員貸付金300円があった。

⇒「**当座預金**(資産)の増加」／「**役員貸付金**(資産)の減少」
　　　　　　　　　　　　　　　「**役員借入金**(負債)の増加」

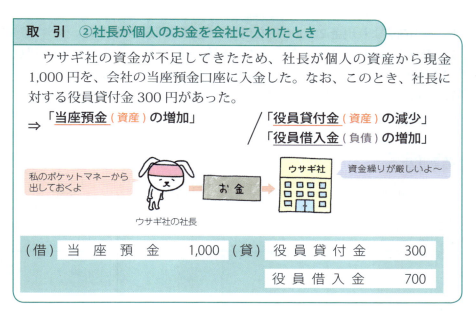

(借)	当 座 預 金	1,000	(貸)	役 員 貸 付 金	300
				役 員 借 入 金	700

会社の立場に立てば、社長からお金を借りているので「役員借入金」となります。社長の目線から仕訳をしないようにしましょう。

　なお、従業員に対しての貸付金は『**従業員貸付金**(資産)』を用いて処理することがあります。

基本問題⑪　貸付金と借入金

解答…P313

下記の各取引について仕訳しなさい。
1．東京商店に現金 100,000 円を貸し付け、借用証書を受け取った。
2．千葉商店に現金 50,000 円を貸し付け、同額の約束手形を受け取った。
3．世田谷商店に対する約束手形の受取りによる貸付金 12,000 円を利息 1,300 円とともに現金で回収した。
4．石川商店より現金 20,000 円を借り入れ、借用証書を渡した。
5．銀行より 30,000 円を借り入れ、同額の約束手形を振り出し、利息 1,000 円を差し引かれた残額が普通預金口座に振り込まれた。
6．役員より現金 20,000 円を借り入れた。
7．従業員に対して、現金 5,000 円を貸し付けた。

答案用紙

	借方科目	金額	貸方科目	金額
1.				
2.				
3.				
4.				
5.				
6.				
7.				

「借用証書」とは、お金を借りたことを証明するものです。

トレーニング　基礎編の問題 27 〜 28 も解いておこう！

印紙代がかからないので手形よりもお得

17 第6章 電子記録債権・電子記録債務

電子記録債権とは？

電子記録債権とは、売掛金などの債権を電子債権記録機関に登録することで発生します。ただし、この**登録には債権者・債務者双方の合意が必要**となります。

電子化することのメリット

手形による取引を行っていた場合と比べて、以下のようなメリットがあります。

債務者側(手形の場合の振出人)のメリット
⇒証券化しないため、収入印紙の貼付けが不要になり、その分費用の節約になります。

債権者側(手形の場合の受取人)のメリット
⇒債権の額を分割して、譲渡や売却ができるようになります(2級で学習します)。

したがって、電子記録債権・電子記録債務は、手形に変わる決済手段として用いられます。

また、商取引上は、購入者(＝債務者)の立場が強いことから、通常、債務者が(印紙代の節約を目的として)申し出て、債権者が同意して電子化されます。

電子記録債権の処理

電子記録債権は、**手形に準じて**処理します。

電子記録債権に関する主な取引として、**①発生**、**②消滅**があります。

「発生」は手形の受取り、「消滅」は手形の決済、と同じです。
手形の電子版と考えましょう。

①電子記録債権・電子記録債務の発生

電子記録債権が発生すると、債権者は『**電子記録債権**（資産）』、債務者は『**電子記録債務**（負債）』で処理します。

> **取 引** 電子記録債権（発生時）
>
> ウサギ社は、モンキー社より同社に対する売掛金60,000円について、電子記録債権の発生記録の請求があったので承諾した。
>
> (借) 電 子 記 録 債 権　60,000　(貸) 売　　掛　　金　60,000

> **取 引** 電子記録債権（消滅時）
>
> モンキー社に対する電子記録債権60,000円について、支払期日が到来し、当座預金口座に振り込まれた。

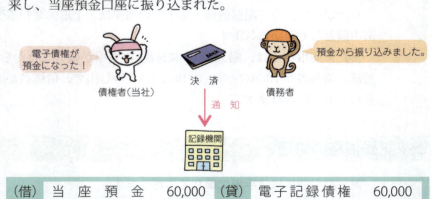

(借) 当 　座　 預 　金　60,000　(貸) 電 子 記 録 債 権　60,000

②電子記録債権・電子記録債務の消滅

債務者の預金口座から債権者の預金口座に振込みによる支払いが行われた場合、電子債権記録機関が金融機関から通知を受け、記録を行うことで電子記録債権は消滅します。

取 引　電子記録債務（発生時）

モンキー社は、ウサギ社に対する買掛金 60,000 円について、ウサギ社の承諾を得て電子債権記録機関に発生記録の請求を行い、電子記録債務とした。

⇒「買掛金(負債)の減少」　　／「電子記録債務(負債)の増加」

| (借) | 買　掛　金 | 60,000 | (貸) | 電子記録債務 | 60,000 |

取 引　電子記録債務（消滅時）

ウサギ社に対する電子記録債務 60,000 円について、支払期日が到来したので、普通預金口座から引き落とされた。

⇒「電子記録債務(負債)の減少」　　／「普通預金(資産)の減少」

| (借) | 電子記録債務 | 60,000 | (貸) | 普　通　預　金 | 60,000 |

Point ▶ 電子記録債権・電子記録債務の処理
　　①発生…手形の受取り(支払い)に準じて処理
　　②消滅…手形の決済に準じて処理

基本問題⑫ 電子記録債権・電子記録債務　　解答…P314

下記の(1)、(2)における一連の取引について仕訳しなさい。

(1)
1. 売掛金 52,000 円の回収に関して、電子債権記録機関から取引銀行を通じて債権の発生記録の通知を受けた。
2. 電子債権記録機関より発生記録の通知を受けていた電子記録債権の支払期日が到来し、当座預金口座に 52,000 円が振り込まれた。

(2)
1. 買掛金 52,000 円の支払いを電子債権記録機関で行うため、取引銀行を通じて債務の発生記録を行った。
2. 電子記録債務 52,000 円の支払期日が到来し、当座預金口座から引き落とされた。

答案用紙

(1)

	借方科目	金額	貸方科目	金額
1.				
2.				

(2)

	借方科目	金額	貸方科目	金額
1.				
2.				

トレーニング　基礎編の問題 29 も解いておこう！

商品売買以外の未収・未払い

未収入金・未払金

未収入金・未払金とは

商品売買にかかる未収、未払いは、『売掛金(資産)』・『買掛金(負債)』で処理し、商品以外の売買にかかる未収、未払いは『未収入金(資産)』・『未払金(負債)』で処理します。

例えば、みなさんが営業担当者だったとしましょう。

営業担当というと、商品の販売だけを行えばいいと考えてしまいがちですが、通常、販売した代金の回収まで責任を負うことになります。

一方、総務担当者が不要になった車両を売却したとしましょう。

この車両の売却代金の回収は、営業担当のみなさんに回収の責任があるのでしょうか？もちろん、営業担当のみなさんの責任ではありませんね。

責任の範囲を明確にするためにも、商品売買に関するものと、それ以外とで勘定科目を使い分ける必要があります。

モノを売ったときに代金を受け取っていない (未収)
　　商 品 の 場 合 …『売掛金 (資産)』で処理
　　商品以外の場合 …『未収入金 (資産)』で処理
モノを買ったときに代金を支払っていない (未払い)
　　商 品 の 場 合 …『買掛金 (負債)』で処理
　　商品以外の場合 …『未払金 (負債)』で処理

モノの売買の未収・未払い

　　　　イヌ電気店が、パソコンをウサギ社に掛けで販売した場合を考えてみましょう。
　　　　イヌ電気店にとって、パソコンは「**商品**」なので、代金の未収は、『**売掛金**(資産)』で処理します。

取　引　①モノの売買(販売側)

　　イヌ電気店は、ウサギ社に商品であるパソコンを 10,000 円で販売し、代金は月末に受け取ることとした。
⇒「**売掛金**(資産)の増加」　　　／「**売上**(収益)の増加」

| (借) | 売　掛　金　10,000 | (貸) | 売　　　　上　10,000 |

　　　　モノを売った側は、掛け代金について、商品であれば『**売掛金**(資産)』、商品以外であれば『**未収入金**(資産)』で処理します。

取　引　②代金の決済(販売側)

　　月末をむかえ、イヌ電気店は、ウサギ社よりパソコンの代金 10,000 円を現金で受け取った。
⇒「**現金**(資産)の増加」　　　／「**売掛金**(資産)の減少」

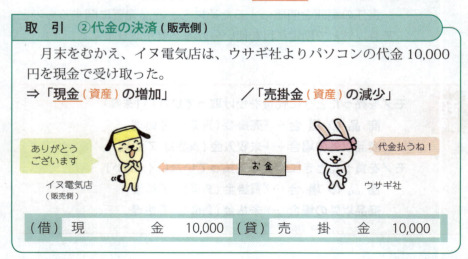

| (借) | 現　　　　金　10,000 | (貸) | 売　掛　金　10,000 |

一方、ウサギ社にとって、パソコンが社内利用目的だとすると、「備品」なので、代金の未払いは『未払金(負債)』で処理します。

モノを買った側は、掛け代金について、商品であれば『買掛金(負債)』、商品以外であれば『未払金(負債)』で処理します。

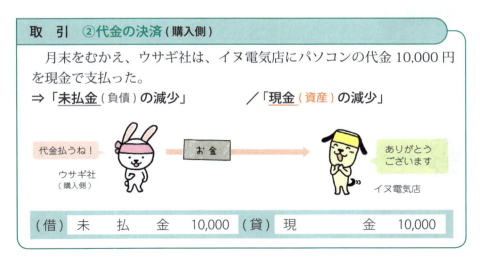

基本問題⑬　未収入金と未払金　　解答…P314

下記の各取引について仕訳しなさい。
1．茨城商事は、2か月前に売却した土地の代金 100,000 円を現金で受け取った。
2．事務作業に使用する物品を購入し、品物とともに次の請求書を受け取り、代金は後日支払うこととした。

```
                       請求書
    ＮＳ株式会社　様
                                        株式会社埼玉電器
```

品物	数量	単価	金額
Ａ３コピー用紙	20	600	¥12,000
Ａ４コピー用紙	30	500	¥15,000
	合計		¥27,000

X8 年 5 月 31 日までに合計額を下記口座へお振込み下さい。
東京銀行埼玉支店　普通　1234465　カ）サイタマデンキ

答案用紙

	借方科目	金額	貸方科目	金額
1.				
2.				

トレーニング　基礎編の問題 30 〜 31 も解いておこう！

第7章

固定資産

5,000万円で購入した建物を、25年使うと価値がなくなるとすると、1年あたりいくらずつ価値が減っていきますか？
5,000万円÷25年で、**200万円**ですよね。

簿記では、この **200万円** を、毎年、**減価償却費**として費用に計上し、25年後には建物の価値が0になるように処理します。
ただ、建物の価値を減らすと言っても、建物勘定から直接減らしていたのでは、帳簿上、いくらで買った建物かわからなくなってしまうので、**「建物減価償却累計額」**という科目を使って、**間接的に減額**していきます。
この**「目には見えない価値の減少を仕訳する」**という点が重要です。
では、始めていきましょう！

固定資産の売却の処理は、
"売却時点の簿価と売却価額との差額が売却損益になる"
という点が重要です。

長期間にわたって使用するもの

第7章 固定資産

固定資産とは？

　固定資産とは、長期間にわたって使用するための資産です。
　例をあげると、『**建物**(資産)』、『**備品**(資産)』、『**車両運搬具**(資産)』、『**土地**(資産)』があります。

 使用する勘定科目を間違えないように注意しましょう。

固定資産の仕訳

　固定資産の仕訳は、①購入したとき、②期末のとき、③売却したときがあります。
　固定資産は資産なので、**増えたら借方、減ったら貸方**に記入します。

Point ▶ 固定資産 ⇒ 増えたら借方、減ったら貸方に記入

128

取 引 ①購入したとき

店舗用の建物 4,800 円を購入し、代金は不動産業者への仲介手数料 200 円とともに小切手を振り出して支払った。

⇒ 「**建物**（資産）**の増加**」 ／「**当座預金**（資産）**の減少**」

(借)	建 物	5,000 *	(貸)	当 座 預 金	5,000

＊ 4,800 円＋200 円＝5,000 円

建物の金額〔＝**取得原価**〕は、建物そのものの価格〔＝**購入代価**〕に、購入にあたり支払った**仲介手数料**、**運搬費**、**据付費**など〔＝**付随費用**〕を加えた金額となります。

固定資産として使用できるようにするために必要な費用を取得原価に含めます。

> **超重要**　固定資産の取得原価＝購入代価＋付随費用

減価償却とは？

例えば 5,000 円で購入した固定資産は、購入時には 5,000 円の価値がありますが、**使用や時の経過により、価値が下がっていきます。**

建物や車が老朽化することをイメージしましょう。

そのため、「使用や時の経過により、価値が下がっていく固定資産」に対して、その価値の減少分を**費用として計上**します。
　この「価値の減少分を費用として計上する手続き」を**減価償却**といいます。

固定資産のなかでも、「土地」は使用しても価値が下がらないので、減価償却は行いません。

Point ▶ 減価償却 … 固定資産の価値の減少分を費用として計上(償却)する手続き

減価償却のポイント

取得原価（しゅとくげんか）：固定資産の**取得にかかった金額**であり、減価償却を行うベースになります。
耐用年数（たいようねんすう）：固定資産の**使用可能期間**のことです。
残存価額（ざんぞんかがく）：減価償却をすべて行った後の、固定資産の**処分価値**のことです。

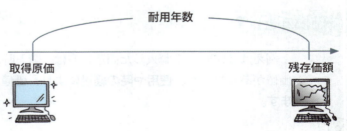

残存価額の「あり」、「なし」をしっかり確認しましょう。

減価償却の方法

3級で学習する減価償却の方法は、**定額法**です。
定額法とは、会計期間ごとの減価償却費が同額になる方法です。
減価償却を行ったときは、『**減価償却費(費用)**』で処理します。

$$減価償却費 = \frac{取得原価 - 残存価額}{耐用年数}$$

耐用年数、残存価額は問題の資料として与えられます。

例　減価償却費の計算(残存価額あり)

建物(取得原価5,000円)について、残存価額は取得原価の10%、耐用年数は25年として、定額法により減価償却を行った場合の減価償却費の金額を求めなさい。

⇒取得原価：5,000円　耐用年数：25年　残存価額：500円(＝5,000円×10%)

減価償却費：$\dfrac{5,000円 - 500円}{25年} = 180円$

「償却する金額」を耐用年数で割ることによって、1年あたりの減価償却費を計算します。

残存価額を計算してから、減価償却費の金額を計算してもよいですが、次の算式により、より素早く計算することができます。
残存価額が取得原価の 10％ の場合の例をあげます。

> **Point** 減価償却費 ＝ 取得原価 × 0.9 ÷ 耐用年数

償却する金額は、**取得原価から残存価額を差し引いた額**です。
残存価額が取得原価の 10％ とすると、償却する金額は、取得原価の 90％ になるので、取得原価に 0.9 (＝ 90％) を掛けます。

取得原価 5,000 円 (100％)

償　却　す　る　金　額	残存価額
5,000 円 × 90％ ＝ 4,500 円	5,000 円 × 10％ ＝ 500 円

減価償却費：5,000 円 × 0.9 ÷ 25 年 ＝ 180 円

例　減価償却費の計算 (残存価額なし)

建物 (取得原価 5,000 円) について、残存価額はゼロ、耐用年数は 25 年として、定額法により減価償却を行った場合の減価償却費の金額を求めなさい。

⇒ **取得原価：5,000 円　耐用年数：25 年　残存価額：ゼロ**

処分価値なし…

減価償却費： $\dfrac{5,000 \text{ 円}}{25 \text{ 年}} = 200$ 円

残存価額がゼロの場合、償却する金額は、**取得原価の100%(全額)** になるので、取得原価を耐用年数で割ることにより、減価償却費を計算します。

取得原価 5,000 円 (100％)

償 却 す る 金 額

5,000 円 × 100％ ＝ 5,000 円

減価償却費：5,000 円 ÷ 25 年 ＝ 200 円

今後は、残存価額ゼロで出題される可能性が高いので、「残存価額ゼロ」を前提として説明していきます。

減価償却の仕訳

　減価償却の仕訳は、『**減価償却費**(費用)』を計上するとともに、『**減価償却累計額**(その他)』を貸方に同額、計上することによって、『**建物**(資産)』を**間接的**に減少させます。そのため、この処理方法を**間接法**といいます。

建物だけでなく、他の固定資産も同様です。固定資産の金額を直接減らすのではなく、貸方の勘定科目は、「○○減価償却累計額」と、○○に固定資産の名称を入れた勘定で処理することで間接的に減額します。

> **超重要** 減価償却費の相手勘定科目は、『○○減価償却累計額』

Point ▶ 減価償却
(借) 減 価 償 却 費 　××　(貸) ○○減価償却累計額 　××
○○は固定資産の名称を入れます。

> **取　引**　②期末のとき

　建物(取得原価5,000円)について、残存価額はゼロ、耐用年数は25年として、定額法により減価償却を行う。なお、間接法によること。
⇒「減価償却費(費用)の増加」　　／「建物減価償却累計額(その他)の増加」

間接的に減少

| (借) | 減 価 償 却 費 | 200* | (貸) | 建物減価償却累計額 | 200 |

＊　5,000円÷25年＝200円

　『建物(資産)』の残高は、取得原価5,000円のままですが、『建物減価償却累計額(その他)』が、『建物(資産)』を間接的に減少させるため、『建物(資産)』の実質的な残高は4,800円(＝5,000円－200円)になります。
　この、実質的な残高である4,800円を取得原価と区別するために、**帳簿価額**(簿価)といいます。

Point ▶ 帳簿価額(簿価)＝ 取得原価－減価償却累計額

建物の金額は、常に取得原価になります。
また、減価償却累計額は建物勘定の「評価勘定(金額を決める勘定)」といわれ、建物勘定とは1セットの勘定です。

固定資産を売却したとき

　所有している固定資産を、耐用年数が到来する前に売却することがあります。

　固定資産を売却する場合、帳簿上、売却した固定資産の金額を減少させるとともに、売却時までに計上していた『**減価償却累計額**(その他)』を減少させます。

売却価額と売却時点での帳簿価額との差額が損益となるので、売却時点での帳簿価額を算定することが重要になります。

取　引　③売却したとき(期首)

　期首に、建物(取得原価5,000円、減価償却累計額4,000円)を800円で売却し、代金は現金で受け取った。なお、間接法で記帳している。

「建物減価償却累計額(その他)の減少」／「建物(資産)の減少」
⇒「現金(資産)の増加」
「固定資産売却損(費用)の増加」

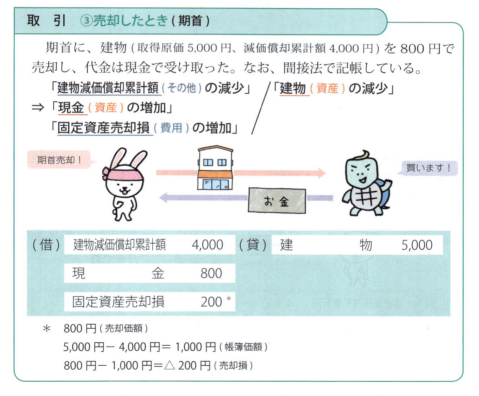

(借)	建物減価償却累計額	4,000	(貸)	建　　　　物	5,000
	現　　　　金	800			
	固定資産売却損	200*			

*　800円(売却価額)
　　5,000円－4,000円＝1,000円(帳簿価額)
　　800円－1,000円＝△200円(売却損)

　「売却価額－帳簿価額」が**プラス**になった場合、差額を『**固定資産売却益**(収益)』で処理します。

　「売却価額－帳簿価額」が**マイナス**になった場合、差額を『**固定資産売却損**(費用)』で処理します。

Point ▶ 売却価額 − 帳簿価額 ⇒ プラス
　　差額を「固定資産売却益（収益）」で処理
　　売却価額 − 帳簿価額 ⇒ マイナス
　　差額を「固定資産売却損（費用）」で処理

　所有している固定資産を、**会計期間（通常1年間）の途中**で売却することがあります。そのさい、期首から売却時まで固定資産を使用しているので、**期首から売却時までの期間**について、**月割計算**によって、**減価償却費を計上**します。

取　引　③売却したとき（期中）

　期首より6か月経過したのち、建物（取得原価5,000円、減価償却累計額4,400円、残存価額ゼロ、耐用年数25年、減価償却の計算は定額法、間接法で記帳）を800円で売却し、代金は現金で受け取った。なお、会計期間は1年間であり、減価償却の計算については月割計算による。

「建物減価償却累計額（その他）の減少」　　「建物（資産）の減少」
⇒「減価償却費（費用）の増加」　　　　　　「固定資産売却益（収益）の増加」
「現金（資産）の増加」

(借)	建物減価償却累計額	4,400	(貸)	建　　　　　物	5,000
	減 価 償 却 費	100 *1		固定資産売却益	300 *2
	現　　　　　金	800			

*1　$5,000 円 ÷ 25 年 × \dfrac{6 か月}{12 か月} = 100 円$（期首から売却時までの減価償却費）

*2　800円（売却価額）
　　5,000円 − 4,400円 − 100円 = 500円（帳簿価額）
　　800円 − 500円 = 300円（売却益）

売却時の帳簿価額は、「取得原価5,000円から、減価償却累計額4,400円と減価償却費100円を差し引いた金額」になります。

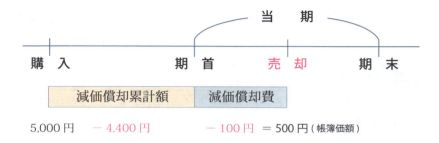

 帳簿価額＝取得原価－減価償却累計額－減価償却費

減価償却費(月割計算) ＝ $\dfrac{取得原価－残存価額}{耐用年数} \times \dfrac{経過月数}{12か月}$

帳簿価額＝取得原価－減価償却累計額－減価償却費

期中に購入または売却した場合の減価償却費の計上など、簿記では、基本的に月割計算します。月割計算は1か月のうち、1日でも使っていれば1か月分として計算します。

請求書から仕訳をしてみよう

固定資産を購入したときも、購入先から請求書が届きます。請求書からどの固定資産を購入したのかをしっかり読み取りましょう。

取引　請求書

事務作業に使用する物品を購入し、品物とともに次の請求書を受け取り、代金は後日支払うことにした。

請求書

ＮＳ株式会社　様

株式会社マーキュリー事務器

品物	数量	単価	金額
ノート型パソコン	1	150,000	¥150,000
		合計	¥150,000

X8年5月31日までに合計額を下記口座へお振込み下さい。
東京銀行神田支店　普通　1234567　カ)マーキユリージムキ

（借）備　　　　品　150,000　（貸）未　払　金　150,000

「パソコン1台を購入し、後払いとした」と読み取りましょう。

改良（資本的支出）と修繕（収益的支出）

たとえば、建物の壁を防火壁にした場合、建物自体の機能・価値を高めたことになるので、その支出は、**固定資産の取得原価に加算**します。

また、割れたガラスを直した場合、建物の機能を回復させたことになるので、その支出は、『**修繕費**(費用)』で処理します。

なお、前者を**資本的支出**、後者を**収益的支出**といいます。

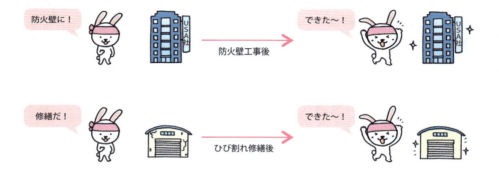

取引　改良と修繕

建物の定期修繕と改良を行い、代金100,000円を小切手を振り出して支払った。このうち40,000円は改良代、残りは修繕費である。

(借)	建　　　　物	40,000	(貸)	当 座 預 金	100,000
	修　繕　費	60,000 *			

＊　100,000円－40,000円＝60,000円

　機能を高めるための支出(資本的支出)⇒固定資産の取得原価
　　　　機能を回復させるための支出(収益的支出)⇒修繕費

基本問題⑭　固定資産

解答…P314

下記の各取引について仕訳しなさい。

1．決算にあたり、当期首に取得した建物（取得原価900,000円）について、残存価額をゼロ、耐用年数を30年とする定額法により減価償却を行う。なお、間接法によること。

2．期首より6か月経過したのち、建物（取得原価900,000円、減価償却累計額750,000円、残存価額ゼロ、耐用年数30年、減価償却の計算は定額法、間接法で記帳）を85,000円で売却し、代金は現金で受け取った。なお、会計期間は1年間であり、減価償却の計算については月割計算による。

3．建物の外壁を断熱化したさいに、壁のひび割れも修理し、代金は月末に支払うこととした。工事の総額は300,000円であり、このうち40,000円がひび割れの修理のためのものである。

4．新入社員用の物品を購入し、品物とともに次の請求書を受け取り、代金は後日支払うこととした。

請求書

ＮＳ株式会社　様

株式会社マーキュリー事務器

品物	数量	単価	金額
オフィスデスク	1	150,000	¥150,000
椅子	1	8,000	¥　8,000
	合計		¥158,000

X8年5月31日までに合計額を下記口座へお振込み下さい。

東京銀行神田支店　普通　1234567　カ）マーキユリージムキ

140

答案用紙

	借方科目	金額	貸方科目	金額
1.				
2.				
3.				
4.				

 トレーニング　基礎編の問題 32 〜 34 も解いておこう！

> **コラム** 　的＝対応する
>
> 　固定資産に関する資本的支出と収益的支出については、「的」という言葉を「対応する」と置き換えると、わかりやすくなります。
> つまり、資本的支出とは資本に対応する支出、資本は貸借対照表に記載され、それに対応しているのは資産となるので、資産の原価になる支出が資本的支出ということになります。
>
>
>
> 　これに対して、収益的支出とは収益に対応する支出、収益は損益計算書に記載され、それに対応しているのは費用となるので、当期の費用となる支出が収益的支出ということになるのです。

コラム	備品の購入による損益計算書・貸借対照表への影響

　現金10万円を支払って、備品を購入したときの損益計算書や貸借対照表への影響をみていきましょう。

貸借対照表　　　　単位：万円

現　　金	20	資　　本	20

⬇

貸借対照表　　　　単位：万円

現　　金	10	資　　本	20
備　　品	10		

> 　現金10万円が備品10万円に置き換わるだけです。
> 　ただ、この後の影響もみていきましょう。

　備品は減価償却の対象となります。

　耐用年数を5年として減価償却費を計算すると、毎年2万円ずつ備品の価値が減っていくことになります。ではこの動きをみてみましょう。

損益計算書　　　　単位：万円

①減価償却費	2	②損失　2

貸借対照表　　　　単位：万円

現　　金	10	資　　　本	20
備　　品	10		

⬇

貸借対照表　　　　単位：万円

現　　　金	10	資　　　本③	18
備　　　品	10		
①減価償却累計額	△2 ②8		

> ①減価償却費2万円を計上するとともに減価償却累計額として備品の資産価値が2万円減少します。
>
> ②減価償却費の計上により、会社に損失が2万円発生します。
>
> ③資本が2万円減少します。

　固定資産だからといって費用が出ていないわけではないので、しっかり活用して収益に貢献させないといけません。

第8章

一時的な処理

　現金は、会社にとって、最重要の管理項目です。
　したがって、**金額や内容が未確定な場合であっても、現金が動けば必ず仕訳をしなければなりません。このとき**「仮払金」「仮受金」といった勘定科目を用います。

　また、**同じ仮払金でも、税金に対するものは、後に税金名を付けて**「仮払○○税」**として処理します**。これは、税金の金額を間違えると"脱税"といった問題が起こり、会社の信用に大きく関わるので、特別の科目を設けて注意して処理しているのです。

　現金過不足を含めて、一時的な処理、よく出題されるところですので、しっかりとマスターしておきましょう。

簿記で「仮」という字を見たら「とりあえず」と読み替えましょう。
勘定科目の意味がわかりますよ。

「とりあえず」が「仮」
仮払金と仮受金

第8章 20

仮払い・仮受けとは？

出張のさいの旅費など、いくらかかるのかが正確にわからない場合、概算(がいさん)でお金を渡すことがあります。
「**とりあえず概算でお金を渡しておくこと**」を**仮払い**(かりばらい)といいます。仮払いをしたときは、『**仮払金**(かりばらいきん)(資産)』で処理します。

また、とりあえずお金を受け取ったものの、理由がわからない場合があります。
「**とりあえず概算でお金を受け取っておくこと**」を**仮受け**(かりうけ)といいます。仮受けがあったときは、『**仮受金**(かりうけきん)(負債)』で処理します。

会社にとって現金や預金は最重要な管理項目なので、「とりあえず」で動かしたときにも必ず仕訳を行います。

仮払金 ⇒ 資産 ⇒ 増えたら借方、減ったら貸方に記入
仮受金 ⇒ 負債 ⇒ 増えたら貸方、減ったら借方に記入

仮払金の仕訳

仮払金の取引には、次の2つがあります。
① **とりあえずお金を支払ったとき**
② **何にいくら使ったのか、わかったとき**

取　引　①とりあえずお金を支払ったとき

　従業員の出張に伴い、旅費交通費として概算額 5,000 円を現金で渡した。

⇒「**仮払金**(資産)の増加」　／「**現金**(資産)の減少」

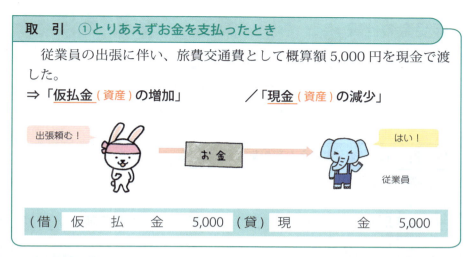

| (借) | 仮　払　金 | 5,000 | (貸) | 現　　　金 | 5,000 |

取　引　②何にいくら使ったのか、わかったとき

　従業員が出張から戻り、概算払いしていた 5,000 円の旅費交通費の精算を行い、残金 1,000 円を現金で受け取った。

⇒「**旅費交通費**(費用)の増加」　／「**仮払金**(資産)の減少」
　「**現金**(資産)の増加」

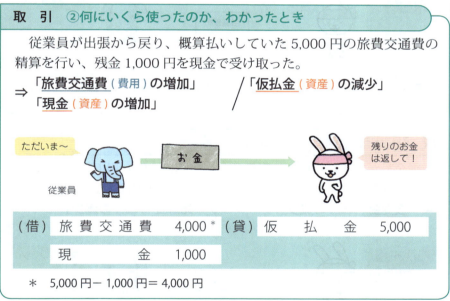

| (借) | 旅　費　交　通　費 | 4,000＊ | (貸) | 仮　払　金 | 5,000 |
| | 現　　　金 | 1,000 |

＊　5,000 円 － 1,000 円 ＝ 4,000 円

　精算を行い、概算払いしていた内容と金額が確定したら、適切な勘定科目に振り替えます。

旅費交通費が 5,000 円を超えて発生したときは、超過分を支払います。

仮受金の仕訳

仮受金の取引には、次の2つがあります。
① とりあえずお金を受け取ったとき
② 理由がわかったとき

取 引 ①とりあえずお金を受け取ったとき

出張中の従業員から、当座預金口座への3,000円の振込みがあったが、詳細は不明である。
⇒「**当座預金**(資産)の増加」　　／「**仮受金**(負債)の増加」

| （借） | 当 座 預 金 | 3,000 | （貸） | 仮 受 金 | 3,000 |

取 引 ②理由がわかったとき

従業員が出張から戻り、当座預金口座への3,000円の振込みは、得意先からの売掛金3,000円の回収であることが判明した。
⇒「**仮受金**(負債)の減少」　　／「**売掛金**(資産)の減少」

| （借） | 仮 受 金 | 3,000 | （貸） | 売 掛 金 | 3,000 |

仮受けしていた内容と金額が確定したら、適切な勘定科目に振り替えます。

領収書・旅費交通費等報告書から仕訳をしてみよう

出張に出かけた従業員は出張中に使った金額を会社に報告します。その報告書には、証拠として領収書などを添付します。

取引　領収書・旅費交通費等報告書

出張から戻った従業員から次の領収書および報告書が提出されるとともに、かねて概算払いしていた¥6,000との差額を現金で受け取った。

領収書
運賃¥2,600
上記のとおり領収致しました。
大宮観光交通(株)

領収書
運賃¥2,600
上記のとおり領収致しました。
大宮観光交通(株)

旅費交通費等報告書
　　　　　　　　　　　　　　山田太郎

移動先	手段等	領収書	金　額
難波駅	タクシー	有	¥2,600
帰　社	タクシー	有	¥2,600
	合　計		¥5,200

わかりました！
おつかれさまです

従業員

6,000円のうち5,200円しか使いませんでしたので、残額は返しますね

(借)	旅費交通費	5,200	(貸)	仮　払　金	6,000
	現　　　金	800 *			

＊　6,000円－5,200円＝800円

領収書は、従業員が使った旅費交通費の証明になります。
領収書や請求書のように、取引の内容を示した書類を証ひょう(証憑)といいます。

基本問題⑮　仮払金と仮受金

解答…P315

下記の(1)、(2)における一連の取引について仕訳しなさい。

(1)
1．従業員の出張にあたり、旅費の概算額 70,000 円を現金で渡した。
2．従業員が出張から戻り、旅費の精算を行い、残額 10,000 円を現金で受け取った。

(2)
1．出張中の従業員から、現金 25,000 円の送金があったものの、内容は不明である。
2．従業員が出張から戻り、送金のあった 25,000 円は、得意先からの売掛金の回収額であることが判明した。

答案用紙

(1)

	借方科目	金額	貸方科目	金額
1．				
2．				

(2)

	借方科目	金額	貸方科目	金額
1．				
2．				

トレーニング　基礎編の問題 35 も解いておこう！

代わりに払ったら「立替金」、預かったら「預り金」

立替金と預り金

立替金と預り金とは？

「他人が負担すべきお金を代わりに支払っておくこと」を**立替払い**といいます。お金を立替払いしたときは、『**立替金**(資産)』で処理します。

従業員の代わりに立替払いしたときは、『従業員立替金(資産)』で処理することがあります。

また、他人から預かっているお金を**預り金**といいます。お金を預かったときは、『**預り金**(負債)』で処理します。

従業員からお金を預かったときは、『従業員預り金(負債)』で処理することがあります。

Point ▶ 立替金 ⇒ 資産 ⇒ 増えたら借方、減ったら貸方に記入
預り金 ⇒ 負債 ⇒ 増えたら貸方、減ったら借方に記入

立替金の仕訳

立替金の取引には、次の2つがあります。
① お金を立て替えたとき
② 立て替えていたお金を返してもらったとき

取　引　①お金を立て替えたとき

　商品 10,000 円を売り上げ、代金は掛けとした。なお、先方負担の発送運賃 500 円は現金で支払った。

⇒　「売掛金（資産）の増加」　　　／「売上（収益）の増加」
　　「立替金（資産）の増加」　　　／「現金（資産）の減少」

（借）	売 掛 金	10,000	（貸）	売　　上	10,000
（借）	立 替 金	500	（貸）	現　　金	500

同じ相手から回収することから、立て替えた金額を「売掛金」に含めて処理することがあります。
どちらで処理するかは問題文の指示にしたがいましょう。

取　引　②立て替えていたお金を返してもらったとき

　売掛金 10,000 円とともに、立て替えていた 500 円を現金で回収した。

⇒　「現金（資産）の増加」　　　／「売掛金（資産）の減少」
　　　　　　　　　　　　　　　　／「立替金（資産）の減少」

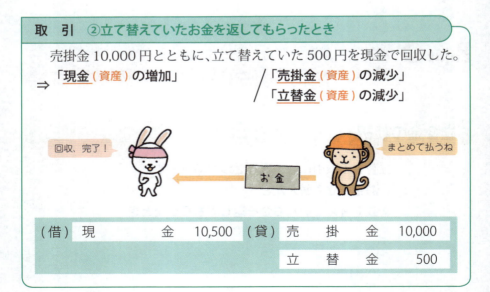

（借）	現　　金	10,500	（貸）	売 掛 金	10,000
				立 替 金	500

預り金の仕訳

預り金の取引には、次の2つがあります
① **お金を預かったとき**
② **預かっていたお金を支払ったとき**

　従業員に給料を支払うときに、従業員の所得税の源泉徴収額と従業員が負担する社会保険料をいったん預かり、従業員に代わって、国などへ納付する場合があります。
　所得税の源泉徴収額を預かった場合、『**所得税預り金**(負債)』、社会保険料を預かった場合、『**社会保険料預り金**(負債)』で処理します。

源泉徴収制度とは

所得税や社会保険料を源泉(=会社)から徴収する制度です。

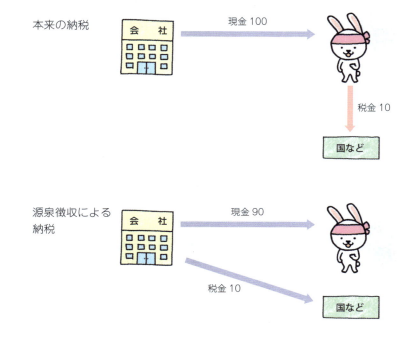

本来、所得税や社会保険料は個人が受け取った給料から、個人が個別に支払うべきものですが、徴収側（国など）、納税者（従業員）ともに手間がかかるので、支払いの源泉である会社が税額分を給料から差し引いて支給し、後日、個人に代わって納付する制度を源泉徴収制度といいます。

給料はあくまで総額で処理します。

Point ▶　所 得 税 預 り 金 … 従業員の所得税の源泉徴収額を預かった場合
　　　　　　社会保険料預り金 … 従業員が負担する社会保険料を預かった場合

両方とも、「預り金（負債）」で処理する場合もあります。

　また、社会保険料は、個人の負担額と同額を会社も負担します。この会社負担額は『**法定福利費**（費用）』で処理します。

Point ▶　社会保険料は、従業員個人と会社が半分ずつ負担する。
　　　　　　会社の負担分⇒法定福利費⇒費用⇒増えたら借方

「福利」は幸福と利益という意味で『法定福利費』は「法律で定められた、従業員の幸福と利益のための費用」です。

取 引　①お金を預かったとき

当月の従業員の給料総額 20,000 円から所得税の源泉徴収額 900 円および社会保険料 1,900 円を控除した残額を現金で支払った。

⇒「**給料**（費用）の増加」　　「**所得税預り金**（負債）の増加」
　　　　　　　　　　　　　　「**社会保険料預り金**（負債）の増加」
　　　　　　　　　　　　　　「**現金**（資産）の減少」

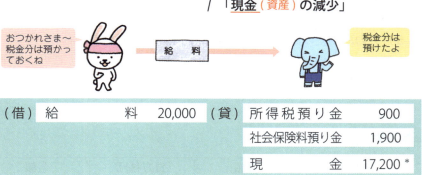

（借）	給　　　　料	20,000	（貸）	所得税預り金	900
				社会保険料預り金	1,900
				現　　　　金	17,200 *

＊　20,000 円－ 1,900 円－ 900 円＝ 17,200 円

取 引　②預かっていたお金を支払ったとき

従業員の給料から控除していた、所得税の源泉徴収額 900 円、社会保険料 1,900 円および同額の社会保険料の会社負担額を併せて現金で納付した。

⇒「**所得税預り金**（負債）の減少」　　「**現金**（資産）の減少」
　「**社会保険料預り金**（負債）の減少」
　「**法定福利費**（費用）の増加」

（借）	所得税預り金	900	（貸）	現　　　　金	4,700
	社会保険料預り金	1,900			
	法 定 福 利 費	1,900			

基本問題⑯　立替金・預り金

解答…P315

下記の一連の取引について仕訳しなさい。
1．従業員が負担すべき生命保険料 10,000 円を現金で立て替えて支払った。
2．従業員の 5 月分の給料総額 200,000 円のうち、立替分 10,000 円、所得税の源泉徴収額 5,000 円および社会保険料の源泉徴収額 11,000 円を差し引いた残額を現金で支給した。
3．5 月分の所得税の源泉徴収額 5,000 円を現金で納付した。
4．5 月分の社会保険料 22,000 円を現金で納付した。なお、このうち半額は給料の支払時に従業員から預かったものである。

答案用紙

	借方科目	金額	貸方科目	金額
1.				
2.				
3.				
4.				

トレーニング　基礎編の問題 36 も解いておこう！

「等」に入っているのは、住民税と事業税

22 第8章 法人税等

法人税等とは？

　　法人税等とは法人税、(法人としての)住民税、事業税の3つを示します。これらは、決算で確定した利益に比例して課される税金で『**法人税、住民税及び事業税**(費用)』または『**法人税等**(費用)』として処理します。

利益の金額に関係なく決まる、印紙税や固定資産税などは『租税公課(費用)』でしたね。

中間納付制度とは？

　　法人税等には、中間納付制度が適用されています。
　　中間納付制度とは、会計期間の途中で中間申告を行い、当期の利益にかかる税金の一部を前もって納付する制度です。
　　中間納付は、当期の利益が確定する前に、税金の一部を納付するので、その支払額は決算まで『**仮払法人税等**(資産)』として処理しておきます。
　　決算となって、税額が確定すると、確定した税額を示す『**法人税、住民税及び事業税**(費用)』を計上し、確定した税額から仮払いした金額を差し引いた残額を『**未払法人税等**(負債)』として計上します。

中間納付は年間の納税見込額の約半額なので、決算になると通常は不足額が発生します。

①中間納付時の処理

中間納付時には、未確定の当期の利益にかかる税金の一部を、前もって概算で納付するので、中間納付した金額は『**仮払法人税等(資産)**』として決算まで、一時的に処理しておきます。

中間納付時は、金融機関又は税務署等に納付書をもって納税します。

取引　法人税等(中間納付時)

法人税等の中間納付として、80,000円を当社の普通預金口座から振り込んで支払った。

```
                領 収 証 書
┌──────┬──────────────┬────────┐
│科目      │ 本    税 │ ¥80,000 │納期等   X20401│
│   法人税 ├──────┼─────┤の区分         │
│          │ ○○○税 │         │         X30331│
│          ├──────┼─────┤ ┌──┐ ┌──┐ │
│          │ △△税   │         │ │中間│ │確定│ │
├──────┤          │         │ │申告│ │申告│ │
│住 東京都 ├──────┼─────┤ └──┘ └──┘ │
│所 千代田 │ □□税   │         │               │
│   ○○   ├──────┼─────┤   ┌──────┐   │
│          │ ××税   │         │   │ 出納印 │   │
├──────┼──────┼─────┤   │X2.11.29│   │
│氏 NS株式 │ 合計額   │ ¥80,000 │   │ 東京銀行│   │
│名 会社   │          │         │   └──────┘   │
└──────┴──────┴─────┴───────────┘
```

⇒ 「**仮払法人税等(資産)の増加**」　／「**普通預金(資産)の減少**」

中間申告のところに○がついているので中間納付であるとわかりますね。

| (借) | 仮払法人税等 | 80,000 | (貸) | 普通預金 | 80,000 |

当期分の納付額が確定した訳ではないので費用ではなく仮払いで処理します。

②法人税等の金額が確定したとき(決算時)の処理

決算で、本年度の法人税等の金額が確定すると、確定した金額を『**法人税、住民税及び事業税**(費用)』で処理します。

確定した金額と仮払法人税等の金額との差額は、これから納付しなければならないので、『**未払法人税等**(負債)』で処理します。

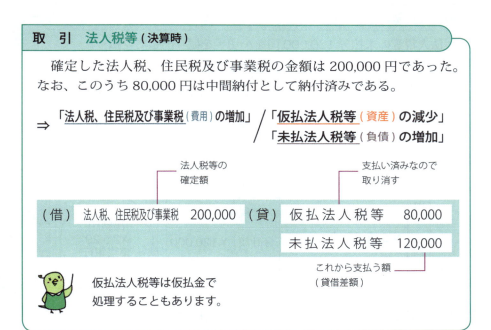

③納付時の処理

　未払いの法人税等を納付したときは、『**未払法人税等**(負債)』を減らします。このときも、金融機関又は税務署等に納付書をもって納税します。

取　引　法人税等(納付時)

法人税等の未払分120,000円を小切手を振り出して支払った。

```
　　　　　　　　　領　収　証　書
┌──────────┬──────────┬──────────┐
│科目        │本　　　税│¥120,000│納期等  X20401
│      法人税│          │        │の区分
│            │○○○税  │        │        X30331
│            │          │        │
│            │△△　税  │        │中間  （確定）
│            │          │        │申告   申告
├──┬───────┼──────────┤
│住 │東京都千代田○○│□□税   │
│所 │              │         │
│   │              │××税   │    出納印
├──┼───────┤         │   X3.5.29
│氏 │ＮＳ株式会社  │合計額 ¥120,000│  東京銀行
│名 │              │         │
└──┴───────┴──────────┘
```

⇒「**未払法人税等**(負債)の減少」　／「**当座預金**(資産)の減少」

確定申告のところに○が付いているので、確定申告であることが分かります。

| (借) | 未払法人税等 | 120,000 | (貸) | 当　座　預　金 | 120,000 |

会社が納付し、消費者が負担する税金

第8章 23 消費税

消費税とは？

消費税とは、商品の売買などの取引にかかる税金です。消費者が負担し会社が納付します。期中は『**仮払消費税**(資産)』と『**仮受消費税**(負債)』を用いて処理します。

消費税の処理には、税抜方式と税込方式とがありますが。ここでは3級の出題範囲となっている税抜方式のみを学習します。

Point 消費税の仮払い⇒仮払消費税
消費税の仮受け⇒仮受消費税

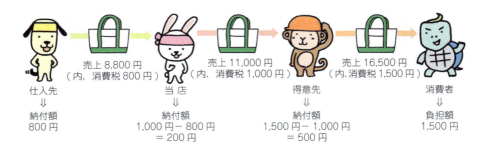

消費税の仕訳

消費税の仕訳には次の4つがあります。
① 商品などを購入したとき
② 商品を売り上げたとき
③ 決算のとき
④ 納付したとき

取 引　①商品などを購入したとき

商品 8,000 円（税抜）を仕入れ、消費税 800 円を含めて代金は現金で支払った。
⇒「仕入(費用)の増加」　　　　　　「現金(資産)の減少」
⇒「仮払消費税(資産)の増加」

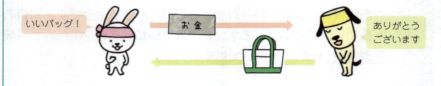

（借）	仕　　　　入	8,000	（貸）	現　　　　金	8,800
	仮 払 消 費 税	800			

取 引　②商品を売り上げたとき

商品 10,000 円（税抜）を売り上げ、代金は消費税 1,000 円とともに現金で受け取った。
⇒「現金(資産)の増加」　　　　　　「売上(収益)の増加」
　　　　　　　　　　　　　　　　　「仮受消費税(負債)の増加」

（借）	現　　　　金	11,000	（貸）	売　　　　上	10,000
				仮 受 消 費 税	1,000

決算時に、仮受けした消費税額と仮払いした消費税額の差額を『**未払消費税**(負債)』で処理します。

「仮受けした消費税額＞仮払いした消費税額」を前提としておきます。差額は、消費者に代わって、納付することになります。

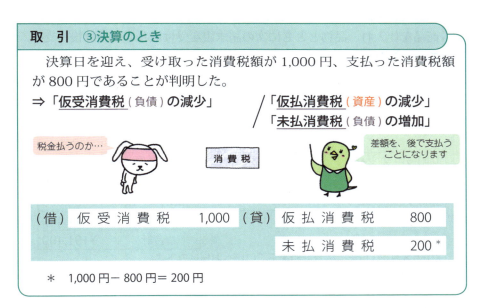

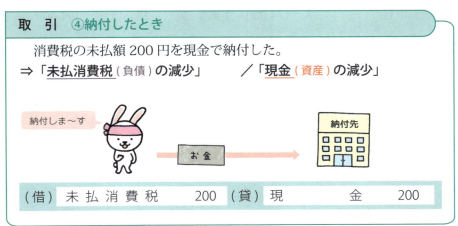

請求書から仕訳をしてみよう

第5章の商品売買では、消費税を考慮しない場合の請求書を例に学習しましたが、ここでは消費税の記載のある請求書についても学習しましょう。

取引　請求書（商品を仕入れたとき）

商品を仕入れ、品物とともに次の請求書を受け取り、代金は後日支払うこととした。

請求書

NS株式会社　御中

千石食品（株）

品物	数量	単価	金額
味噌ラーメンセット	50	1,200	¥ 60,000
塩タンメンセット	30	800	¥ 24,000
豚骨ラーメンセット	60	1,500	¥ 90,000
		消費税	¥ 17,400
		合計	¥191,400

X9年8月29日までに合計額を下記口座へお振込み下さい。
　東京銀行千石支店　普通　7654321　センゴクシヨクヒン（カ

（借）仕　　　　入　174,000 *　（貸）買　　掛　　金　191,400
　　　仮 払 消 費 税　 17,400

＊　191,400円 − 17,400円 ＝ 174,000円

請求書から仕訳をする場合は消費税額の計算をしなくてもよいので簡単ですね。

取　引　請求書 (商品を売り上げたとき)

　商品を売り上げ、品物とともに次の請求書の原本を発送し、代金の全額を掛代金として処理した。

請求書 (控)

小石川商店　御中

NS株式会社

品物	数量	単価	金額
味噌ラーメンセット	30	1,500	¥ 45,000
塩タンメンセット	30	1,100	¥ 33,000
豚骨ラーメンセット	40	1,800	¥ 72,000
		消費税	¥ 15,000
		合計	¥165,000

X9 年 9 月 29 日までに合計額を下記口座へお振込み下さい。
　東京銀行神保町支店　普通　9876543　エヌエス (カ

(借) 売　掛　金　165,000　　(貸) 売　　　上　150,000 *
　　　　　　　　　　　　　　　　　仮 受 消 費 税　15,000

　＊　165,000 円－ 15,000 円＝ 150,000 円

売り上げたときも、仕入れたときと同様に税抜き処理をします。

基本問題⑰　法人税・消費税

解答…P316

下記の(1)、(2)における一連の取引について、仕訳しなさい。なお、消費税の税率は10%とする。また、消費税については、税抜方式により処理すること。

(1)
1．商品 5,500円（税込）を仕入れ、代金は現金で支払った。
2．商品 8,800円（税込）を売上げ、代金は現金で受け取った。
3．決算を迎え、消費税に関する処理を行った。

(2)
1．法人税の中間納付として、6,000円を現金で納付した。
2．確定した法人税、住民税及び事業税の金額は 15,000円であった。なお、このうち 6,000円は中間納付として納付済みである。
3．法人税等の未払分 9,000円を小切手を振り出して支払った。

答案用紙

(1)

	借方科目	金額	貸方科目	金額
1.				
2.				
3.				

(2)

	借方科目	金額	貸方科目	金額
1.				
2.				
3.				

トレーニング　基礎編の問題 37〜38 も解いておこう！

24 第8章 現金過不足

何度数えても合わない…

現金過不足とは？

「**帳簿上の現金**」と「**実際に数えた現金**」の金額が異なることがあります。この差額を**現金過不足**といいます。

Point ▶ 現金過不足 … 現金の「帳簿上」と「実際」の差額

「500円持っていたはずなのに、数えたら300円しかない」なんていうことありますよね。

現金過不足の仕訳

現金過不足の仕訳は、①現金過不足を見つけたとき、②差額の原因がわかったとき、③差額の原因が期末までわからなかったときの3つのパターンがあります。

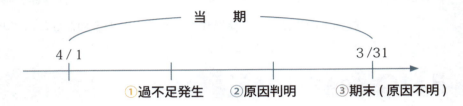

> **取 引** ①現金過不足を見つけたとき（実際＜帳簿）
>
> 現金の実際有高が帳簿残高より200円不足していた。
> ⇒「**現金過不足**(その他)の借方計上」／「**現金**(資産)の減少」
>
>
>
> | （借）現 金 過 不 足 | 200 | （貸）現　　　　　金 | 200 |
> |---|---|---|---|

現金過不足を見つけたときは、実際にある現金の額に合わせる仕訳をします。そのとき、現金の相手勘定科目は一時的に『**現金過不足**(その他)』としておきます。

Point ▶ 実際有高と帳簿残高が異なっている場合は、必ず「実際有高」に合わせる⇒実際有高が事実だから

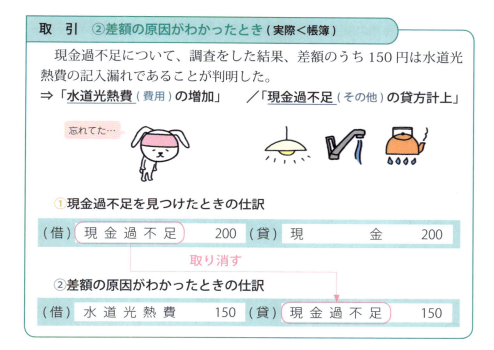

> 取　引　②差額の原因がわかったとき(実際＜帳簿)

　現金過不足について、調査をした結果、差額のうち150円は水道光熱費の記入漏れであることが判明した。
⇒「水道光熱費(費用)の増加」　／「現金過不足(その他)の貸方計上」

①現金過不足を見つけたときの仕訳

| (借) | 現 金 過 不 足 | 200 | (貸) | 現　　　　金 | 200 |

取り消す

②差額の原因がわかったときの仕訳

| (借) | 水 道 光 熱 費 | 150 | (貸) | 現 金 過 不 足 | 150 |

① 現金の実際有高が帳簿残高より**不足**していたものの、その原因がわからないため、一時的に相手勘定科目を『現金過不足(その他)』としています。

② 調査をした結果、原因がわかったため、『現金過不足(その他)』を取り消して、正しい勘定科目である『水道光熱費(費用)』に振り替えます。

①の仕訳自体を取り消すのではなく、②の仕訳で「現金過不足(その他)」を貸方に150円計上することにより、現金過不足を取り消します。

取　引　③差額の原因が期末までわからなかったとき (実際＜帳簿)

現金過不足について、期末に改めて調査をしたが、原因不明のため、適切な処理を行った。
⇒「雑損(費用)の増加」　　　／「現金過不足(その他)の貸方計上」

| (借) | 雑　損 | 50 | (貸) | 現金過不足 | 50 |

差額の原因が期末までわからなかったときは、『現金過不足(その他)』をすべて取り消し、『雑損(費用)』として処理します。

現金の減少の要因を「費用」として処理します。

現金過不足

| ① 200 円 | ② 150 円 |
| | ③ 50 円　残高 0 円 |

現金過不足の残高は必ず 0 円にします。

Point ▶
現金過不足 (実際＜帳簿)
①現金過不足を見つけたとき
(借)現金過不足　××　(貸)現　　金　××
②差額の原因がわかったとき
(借)原因となった科目　××　(貸)現金過不足　××
③差額の原因が期末までわからなかったとき
(借)雑　損　××　(貸)現金過不足　××

取 引 ①現金過不足を見つけたとき (実際＞帳簿)

現金の実際有高が帳簿残高より 200 円過剰であった。
⇒「現金(資産)の増加」　　　／「現金過不足(その他)の貸方計上」

| (借) | 現 金 | 200 | (貸) | 現金過不足 | 200 |

取 引 ②差額の原因がわかったとき (実際＞帳簿)

現金過不足について、調査をした結果、差額のうち 150 円は手数料の受取りの記入漏れであることが判明した。
⇒「現金過不足(その他)の借方計上」／「受取手数料(収益)の増加」

手数料

①現金過不足を見つけたときの仕訳

| (借) | 現 金 | 200 | (貸) | 現金過不足 | 200 |

取り消す

②差額の原因がわかったときの仕訳

| (借) | 現金過不足 | 150 | (貸) | 受取手数料 | 150 |

① 現金の実際有高が帳簿残高より**過剰**であったものの、その原因がわからないため、一時的に相手勘定科目を『**現金過不足**(その他)』としています。
② 調査をした結果、原因がわかったため、『**現金過不足**(その他)』を取り消して、正しい勘定科目である『**受取手数料**(収益)』に振り替えます。

①の仕訳自体を取り消すのではなく、②の仕訳で「現金過不足(その他)」を借方に150円計上することにより、現金過不足を取り消します。

取 引 ③差額の原因が期末までわからなかったとき (実際>帳簿)

現金過不足について、期末に改めて調査をしたが、原因不明のため、適切な処理を行った。
⇒「**現金過不足**(その他)の借方計上」／「**雑益**(収益)の増加」

| (借) | 現 金 過 不 足 | 50 | (貸) | 雑　　　　益 | 50 |

差額の原因が期末までわからなかったときは、『**現金過不足**(その他)』をすべて取り消し、『**雑益**(収益)』として処理します。

現金の増加の要因を「収益」として処理します。

現金過不足

② 150 円	① 200 円
③ 50 円	

残高 0 円

Point ▷
現金過不足(実際＞帳簿)
①現金過不足を見つけたとき
(借)現　　　金　××　(貸)現金過不足　××
②差額の原因がわかったとき
(借)現金過不足　××　(貸)原因となった科目　××
③差額の原因が期末までわからなかったとき
(借)現金過不足　××　(貸)雑　　　益　××

基本問題⑱　現金過不足の処理

解答…P316

下記の(1)～(3)における一連の取引について仕訳しなさい。

(1)

1．金庫の現金を調べたところ、帳簿の残高より 1,500 円不足していた。

2．上記1．の現金過不足について、その原因を調べたところ、旅費交通費 1,500 円の記帳漏れとわかった。

(2)

1．期末において、現金過不足勘定の残高が借方に 700 円ある。原因がわからなかったので雑損または雑益として処理する。

2．期末において、現金過不足勘定の残高が貸方に 400 円ある。原因がわからなかったので雑損または雑益として処理する。

(3)

1．金庫の現金を調べたところ、帳簿の残高より 2,000 円不足していた。

2．期末において、上記1．の現金過不足について、その原因を調べたところ、通信費 4,000 円と手数料の受取り 1,500 円の記帳漏れが判明した。また現金過不足勘定の残高については原因がわからなかったので雑損または雑益として処理する。

答案用紙

(1)

	借方科目	金額	貸方科目	金額
1.				
2.				

(2)

	借方科目	金額	貸方科目	金額
1.				
2.				

(3)

	借方科目	金額	貸方科目	金額
1.				
2.				

トレーニング　基礎編の問題39も解いておこう！

| コラム | コストの削減が大切 |

　私がまだ学生だった頃、アルバイト先で店のオーナーから「水道の蛇口から出ている水が太すぎる。それは全部、利益が流れ出ているんだぞ。」と注意を受けたことがあります。

　「このケチオーナー！」などと陰口を叩いたものですが、今となってはその意味がよくわかります。

　例えば、100 円の売上に対して最終的に利益を 5 円出しているお店があったとしましょう。コスト率は 95％です。

$$100 \quad - \quad 95 \quad = \quad 5$$
<small>収益　　　　　　コスト　　　　　　　利益</small>

　このお店で利益を 6 円にしたいと思ったときに、2 つの方法があります。それぞれをシミュレーションしてみましょう。

１．コストを下げる

　これまで 95 円かかっていたコストを 1 円削減すれば利益は目標の 6 円となります。

$$100 \quad - \quad 94 \quad = \quad 6$$
<small>　　　　　　　　(95-1)</small>

２．売上を上げる

　5 円の利益を 6 円にするには 20％増しとなるので、売上も 20％増しにしなければならなくなります。また、コストも 20％増しとなることでしょう。

$$120 \quad - \quad 114 \quad = \quad 6$$
<small>(100×120%)　　　(95×120%)</small>

　さてどちらの方法が確実でしょうか？

　コストの削減なら自社の努力でできますが、売上は、相手が買うと言わない限り獲得できませんし、一挙に 20％増しともなると新たな市場を開発しなければならないかもしれません。

　社員一人一人の「コストを 1 下げる」という意識が会社の状況を良くし、それがみなさん自身にも返っていくのです。

第9章

試算表

　試算表は、決算前や月末ごとに、貸借の一致を通じて、各勘定科目への記入が正しいことを確認する、などと言いますが、会計ソフトに入力して管理する昨今、貸借など違うわけがありません(違っていたら入力できないでしょう)。

　なら、「試算表は要らなくなったのか」というと、そうではありません。
　弊社を始め中小企業でも、毎月、**試算表を作成し**、当月の収益や費用の増減や資産、負債の状況をみて、**経営判断を行っている**のです。

「間違いがわかったときにどう修正するのか」まで、
本章で扱っていますのでマスターしていきましょう。

試しに計算して金額が正しいかを確認する

25 第9章 試算表の作成

試算表とは？

　試算表は、「月末」や「期末」において、総勘定元帳の各勘定口座の合計額や残高を集めて作成する表です。
　試算表を作成する主な目的は、次のとおりです。
　①**仕訳帳から総勘定元帳への転記が正しく行われているかを確認する**
　②**各勘定口座の状況を把握し、会社の経営に役立てる**

期中の取引が、正しく帳簿に記入されているか、試算表を用いて確認します。

　試算表には、合計試算表、残高試算表、合計残高試算表の3種類があります。

Point ▶
合 計 試 算 表 …各勘定口座の借方・貸方合計を記入
残 高 試 算 表 …各勘定口座の残高を記入
合計残高試算表…各勘定口座の借方・貸方合計および残高
　　　　　　　　を記入

合 計 試 算 表
×2年〇月×日

借　　　方	勘 定 科 目	貸　　　方
①	②	③

①借　　　方　欄：各勘定口座の借方合計を記入
②勘 定 科 目 欄：各勘定口座の名称を記入
③貸　　　方　欄：各勘定口座の貸方合計を記入

残 高 試 算 表
×2年○月×日

借 方	勘 定 科 目	貸 方
①	②	③

①借　方　　欄：借方残高の場合に記入
②勘 定 科 目 欄：各勘定口座の名称を記入
③貸　方　　欄：貸方残高の場合に記入

合 計 残 高 試 算 表
×2年○月×日

借　方		勘 定 科 目	貸　方	
残　高	合　計		合　計	残　高
①	②	③	④	⑤

①残　高　　欄：借方残高の場合に記入
②合　計　　欄：各勘定口座の借方合計を記入
③勘 定 科 目 欄：各勘定口座の名称を記入
④合　計　　欄：各勘定口座の貸方合計を記入
⑤残　高　　欄：貸方残高の場合に記入

合計残高試算表は、「合計試算表」と「残高試算表」をまとめたものです。

例	試算表の作成 (合計試算表)

次の総勘定元帳 (略式) の記入にもとづいて、合計試算表を作成しなさい。

現　　金
3/ 1	60	3/27	250
3	400	28	230
25	320		

売　掛　金
3/ 1	140	3/25	320
22	300		

建　　物
3/ 1	300

買　掛　金
3/ 9	50	3/ 1	400
28	230	8	200

資　本　金
	3/ 1	100

売　　上
	3/ 3	400
	22	300

仕　　入
3/ 8	200	3/ 9	50
27	250		

合　計　試　算　表
×2年3月31日

借　　方	勘　定　科　目	貸　　方
780	現　　　　金	480
440	売　掛　金	320
300	建　　物	
280	買　掛　金	600
	資　本　金	100
	売　　上	700
450	仕　　入	50
2,250		2,250

178

例　試算表の作成（残高試算表）

次の総勘定元帳（略式）の記入にもとづいて、残高試算表を作成しなさい。

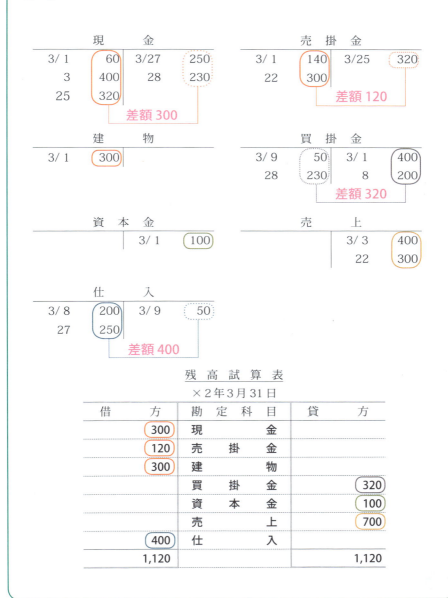

例　試算表の作成（合計残高試算表）

次の総勘定元帳（略式）の記入にもとづいて、合計残高試算表を作成しなさい。

	現　　金				売　掛　金	
3/ 1	60	3/27	250	3/ 1	140	3/25	320
3	400	28	230	22	300		
25	320					

	建　　物			買　掛　金	
3/ 1	300		3/ 9	50	3/ 1	400
			28	230	8	200

	資　本　金			売　　上	
		3/ 1	100			3/ 3	400
						22	300

	仕　　入		
3/ 8	200	3/ 9	50
27	250		

合計残高試算表
×2年3月31日

借　方		勘定科目	貸　方	
残　高	合　計		合　計	残　高
300	780	現　　　　金	480	
120	440	売　掛　金	320	
300	300	建　　　　物		
	280	買　掛　金	600	320
		資　本　金	100	100
		売　　　　上	700	700
400	450	仕　　　　入	50	
1,120	2,250		2,250	1,120

1行ごとに合計を記入したあと残高を記入します。

基本問題⑲ 試算表の作成　　解答…P317

次の総勘定元帳(略式)にもとづいて、合計残高試算表を作成しなさい。

```
        現     金                        売  掛  金
4/ 1    500 | 4/12   200        4/ 1    800 | 4/20   640
  15    800 |   28   460          22    600 |
  20    640 |

        備     品                        買  掛  金
4/ 1    600 |                    4/ 9    100 | 4/ 1   660
  12    200 |                      28    460 |   8  1,000

        資  本  金                        売     上
            | 4/ 1  1,240                     | 4/15   800
                                              |   22   600

        仕     入
4/ 8  1,000 | 4/ 9   100
```

答案用紙

合計残高試算表
×2年4月30日

借　方		勘 定 科 目	貸　方	
残　高	合　計		合　計	残　高
		現　　　金		
		売　掛　金		
		備　　　品		
		買　掛　金		
		資　本　金		
		売　　　上		
		仕　　　入		

トレーニング　基礎編の問題40～42も解いておこう！

仕訳の誤りを訂正する

第9章 26 誤処理の訂正

仕訳の訂正

試算表を作成した結果、先月に行った取引の仕訳が誤っていたことが判明したとしましょう。誤った仕訳を正しい仕訳にするには、どうすればいいのでしょうか？

帳簿上、仕訳を単純に消去すると粉飾(ふんしょく)していると思われる可能性があります。

誤った仕訳を単純に消去するのではなく、誤った仕訳を帳簿上、残したまま、正しい仕訳にするために**訂正仕訳**(ていせいしわけ)を行います。

Point ▶ 訂正仕訳…誤った仕訳を、正しい仕訳にするために行う仕訳

取　引　訂正仕訳（金額の訂正）

買掛金の支払いのために振り出した約束手形 3,000 円が、2,000 円と記帳されていたことが判明したので、訂正する。

しまった 3,000 円だった…

| （借）買　掛　金 | 1,000 | （貸）支　払　手　形 | 1,000 |

訂正仕訳の作り方　①誤った仕訳の貸借逆の仕訳
　　　　　　　　＋）②正しい仕訳
　　　　　　　　　　③修正仕訳（①＋②）

まず、誤った仕訳を考えます。

誤った仕訳

（借）買　掛　金　2,000　（貸）支　払　手　形　2,000

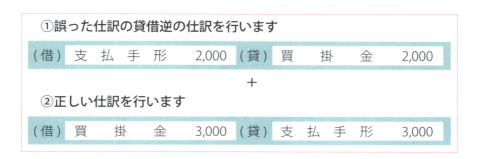

①の仕訳に②の仕訳を加えると、支払手形は貸方で 1,000 円残り、買掛金は借方で 1,000 円残ります。
⇓

③訂正仕訳

| （借）買　掛　金　1,000 | （貸）支　払　手　形　1,000 |

訂正仕訳を行うことにより、帳簿上、正しい仕訳となります。

O 地点から A 地点に行きたかったのに、間違えて B 地点に行ってしまったら…
①まず、B 地点から O 地点に戻り
②新たに O 地点から A 地点に行けば確実ですよね

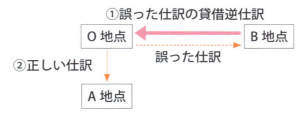

取　引　訂正仕訳（勘定科目の訂正）

C商店から商品の手付金 5,000 円を現金で受け取っていたが、これを売掛金の回収として処理していた。決算にあたり、訂正する。

しまった、前受金だった…

| (借) | 売　掛　金 | 5,000 | (貸) | 前　受　金 | 5,000 |

まず、誤った仕訳を考えます。

誤った仕訳

(借) 現　　　金　5,000　(貸) 売　掛　金　5,000

①誤った仕訳の貸借逆の仕訳を行います

| (借) | 売　掛　金 | 5,000 | (貸) | 現　　　金 | 5,000 |

＋

②正しい仕訳を行います

| (借) | 現　　　金 | 5,000 | (貸) | 前　受　金 | 5,000 |

①の仕訳に②の仕訳を加えると、現金は相殺され、借方には売掛金 5,000 円が残り、貸方では前受金 5,000 円が残ります。

⇓

③訂正仕訳

| (借) | 売　掛　金 | 5,000 | (貸) | 前　受　金 | 5,000 |

訂正仕訳を行うことにより、帳簿上、正しい仕訳となります。

基本問題⑳　誤処理の訂正

解答…P317

下記の事項について仕訳しなさい。

1．売掛金の回収にあたり受け取った約束手形 3,200 円が、2,300 円と記帳されていたことが判明したので訂正する。
2．F商店に商品の手付金 6,000 円を現金で支払っていたが、これを買掛金から控除していたため訂正する。

答案用紙

	借方科目	金額	貸方科目	金額
1.				
2.				

トレーニング　基礎編の問題 43 も解いておこう！

コラム　学習簿記とビジネスの思考

　私が感じた学習簿記とビジネスとの一番の違いをお伝えしましょう。
学習簿記では「収益から費用を引いたら利益になる」と教わります。

$$収　益　-　費　用　=　利　益$$

　しかし、この感覚をビジネスに持ち込むと、とても危険です。
　収益は、ひと度大不況になってしまえば大きな打撃を受ける不確実性
が高いものです。
　これに対して、大不況で世界の経済規模が 2/3 になっても、給料が
2/3 になった社員はほとんどいません。つまり会社にとって費用は『確
実』に発生するものなのです。
　つまり、不確実性の高い収益から確実な費用を差し引いた結果が利益
だとすると、万が一の事象で収益が減少すると、その減少がそのまま、
会社にとって大切な利益を直撃することになります。
　これでは安定的な経営は難しいでしょう。

　それでは、ビジネス的にはどう考えるべきかというと、「得られるで
あろう収益を固めに見積もり、そこから残さなければならない利益を差
し引いて、残りが費用だ」と考えるべきです。

$$収　益　-　利　益　=　費　用$$

　こう考えておけば、万が一、収益が下がっても「まず利益を確保しよ
う」という意識が働き、当然に「費用を下げよう」という話なります。
これなら健全です。
　また「限りある費用をいかに活用して収益を獲得するのか」という思
考にもつながっていきます。

　学習簿記で当然なことが、ビジネスでは当然ではありません。ビジネ
ス社会で生きていくみなさんは、この点を意識しておくことで、より簿
記の知識も活かせることになります。
　頑張って学んでいきましょう。

第10章

株式の発行・利益の計上・配当

　資本は、「**株主からもらったもの(資本金)**」と、「**会社自身で稼いだもの(利益)**」とに分けられ、前者は、会社として「維持すべき(配当してはいけない)もの」後者は「株主に分配(配当)すべきもの」という位置づけになります。

　そこで、もしも稼いだ利益のすべてを分配し続けたらどうなるでしょうか？
　会社には資産が増えず、新しい投資も難しく、さらに災害などで損失を計上するとすぐに倒産、などということになりかねません。
　そこで、会社法では、株主に配当するときには「利益準備金」として**「利益だけれども配当してはいけないもの」**を設けることを定めました。
　抽象的な内容ですが、このように認識しておきましょう。

　会社の設立から利益の計上、配当に至るまでを、
　一連の流れとして理解しておきましょう。

株式を発行して出資してもらうのが株式会社

株式会社の設立

第10章 27

株式会社とは

　株式会社とは、出資者に株式を発行して株主となってもらい、出資を受けた経営者(社長)が経営する会社をいいます。

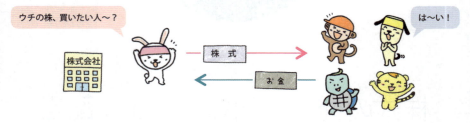

会社を始めたいと思っても、現実的には、出資してくれる人はあまりいないでしょうから、社長1人が出資して株式会社とするワンマンカンパニーが多く存在します。
ですが、ここでは何人かが出資してくれたことを前提とします。

株式の発行

　株式会社では、出資者から現金等が振り込まれると、株式を発行し『**資本金**(資本)』として処理します。

Point ▷ 資本金⇒資本⇒増えたら貸方、減ったら借方に記入

超重要 払込金額＝1株あたりの払込金額×株式数

> **取 引** 株式の発行

株式10株を1株あたり60,000円で発行し、払込金額は当座預金とした。なお、払込金は、全額を資本金として処理した。

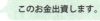

全額資本金
で処理

(借) 当 座 預 金 600,000 (貸) 資 本 金 600,000

@60,000円×10株＝600,000円

株主は、配当金を受け取る権利や株主総会に出席して決議に参加する権利を得ます。

会社を設立後、資本金を増やした(増資した)ときも同じ仕訳になります。

保証金の支払い

会社を設立すると、事務所(またはお店)が必要になります。事務所を借りるときに、大家さんと賃借契約を交わすことになりますが、そのさい保証金(敷金)を支払うことがあります。支払った金額は『**差入保証金**(資産)』として計上します。

Point ▶ 差入保証金⇒資産⇒増えたら借方、減ったら貸方に記入

> 取　引　保証金の支払い

　事務所の開設にさいし、以下の振込依頼書に記載の敷金 300,000 円、仲介手数料 40,000 円、初月賃料 300,000 円を普通預金口座から振り込んだ。仲介手数料は費用として処理する。

⇒「**差入保証金**(資産)の増加」　　　　「**普通預金**(資産)の減少」
　「**支払手数料**(費用)の増加」
　「**支払家賃**(費用)の増加」

振込依頼書

ＮＳ株式会社　御中

株式会社大塚不動産

ご契約ありがとうございます。以下の金額を下記口座へお振込ください。

内容	金額
敷金	¥300,000
仲介手数料	¥ 40,000
初月賃料	¥300,000
合計	¥640,000

東京銀行大塚支店　当座　4433221　カ)オオツカフドウサン

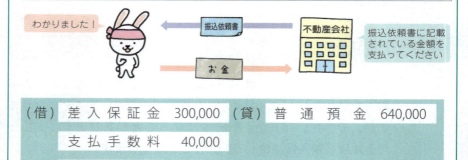

(借) 差入保証金 300,000	(貸) 普通預金 640,000
支払手数料 　40,000	
支払家賃　 300,000	

保証金は事務所を退去するさいに原状回復費用を差し引かれて、残額が返金されます。個人がアパートを借りるのと同じですね。

基本問題㉑ 株式会社の設立

解答…P317

下記の各取引について仕訳しなさい。

1. 石橋商事株式会社は、会社の設立にあたり、株式30株を@70,000円で発行し、払込金額は当座預金とした。
2. 石橋商事株式会社は、居酒屋を開店するにあたり、大家に保証金300,000円と初月の家賃100,000円を併せて現金で支払った。

答案用紙

	借方科目	金額	貸方科目	金額
1.				
2.				

トレーニング　基礎編の問題44も解いておこう！

帳簿を締切って次期に備える

帳簿の締切り

帳簿の締切りの流れ

決算を迎えて、帳簿を整理することを**帳簿の締切り**といいます。
帳簿の締切りの流れは、次のとおりになります。

Step 1　すべての収益、費用の各項目は、その勘定残高を損益勘定に振り替え、締め切ります。

Step 2　損益勘定の貸借差額（＝利益または損失）を『**繰越利益剰余金**（資本）』に振り替えます。

Step 3　資産、負債、資本の各項目の残高を「次期繰越」として締め切り、併せて翌期首の日付で「前期繰越」の記入をしておきます。

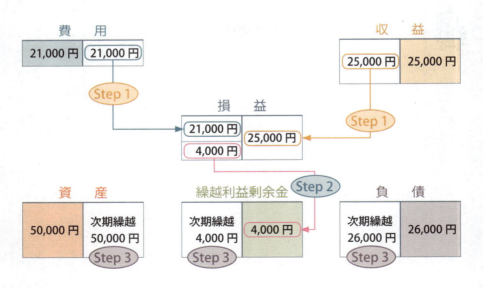

 ここでは、流れを確認する程度にしましょう。

> **Step 1** 決算にさいして、**利益の金額を算定する場所として損益勘定**を新たに設け、費用・収益の各勘定の残高を『**損益**(その他)』に振り替え、各勘定を締め切ります。

例　費用・収益の各勘定の締切り

次の総勘定元帳(略式)にもとづき、損益勘定への振替仕訳をしなさい。なお、決算日は3月31日である。

仕　　入			
繰越商品	4,000	繰越商品	5,000
買掛金	16,000	損　益	15,000
	20,000		20,000

売　　上			
損　益	25,000		25,000

給　　料			
	1,600	損　益	1,600

減価償却費			
	1,200	損　益	1,200

法人税等			
	3,200	損　益	3,200

損　　益			
仕　入	15,000	売　上	25,000
給　料	1,600		
減価償却費	1,200		
法人税等	3,200		

(借) 売　　上　25,000　(貸) 損　　益　25,000

(借) 損　　益　21,000　(貸) 仕　　入　15,000
　　　　　　　　　　　　　　給　　料　1,600
　　　　　　　　　　　　　　減価償却費　1,200
　　　　　　　　　　　　　　法人税等　3,200

損益への振替仕訳の場合、勘定科目が2つ以上あっても、「諸口」とはしません。この損益への振替えを「損益振替」といいます。

Step 2 損益勘定で算定した当期純利益(または当期純損失)を『**繰越利益剰余金**(資本)』に振り替えます。

Point ▶ 繰越利益剰余金⇒資本⇒増えたら貸方、減ったら借方に記入

 資本を、株主からもらったもの(資本金)と会社が稼いだもの(繰越利益剰余金)に区別します。

```
                       損              益
3/31  仕    入    15,000 │ 3/31  売    上    25,000
 〃   給    料     1,600 │
 〃   減価償却費   1,200 │
 〃   法人税等     3,200 │
 〃   繰越利益剰余金 4,000 │
                  25,000 │              25,000
```

```
              繰越利益剰余金
3/31 次期繰越  4,000 │ 3/31 損   益    4,000
                    │ 4/1  前期繰越   4,000
```

 Step 1 から Step 2 の仕訳を、「決算振替仕訳」ということがあります。
なお、勘定が1行だけの場合、合計額を示さないでそのまま締め切ります。

Step 3 貸借対照表に記載される資産・負債・資本の各勘定科目は、次期へと繰り越します。勘定の締切りのさい、**次期繰越**と記入し、貸借を一致させた後に、翌期首の日付で次期繰越の反対側に前期繰越と記入します。

	現	金	
	19,300	次期繰越	19,300
前期繰越	19,300		

	買	掛	金
次期繰越	5,000		5,000
		前期繰越	5,000

	売	掛	金	
		7,300	次期繰越	7,300
前期繰越	7,300			

	借	入	金
次期繰越	10,000		10,000
		前期繰越	10,000

	繰 越 商 品		
	5,000	次期繰越	5,000
前期繰越	5,000		

	未 払 給 料	
次期繰越	3,400	3,400
	前期繰越	3,400

	建	物	
	18,000	次期繰越	18,000
前期繰越	18,000		

建物減価償却累計額		
次期繰越	7,600	7,600
	前期繰越	7,600

	前	払	金	
		400	次期繰越	400
前期繰越	400			

	資	本	金
次期繰越	20,000		20,000
		前期繰越	20,000

繰越利益余剰金		
次期繰越	4,000	4,000
	前期繰越	4,000

次期繰越は、本来、赤字での記入となります。
ただ、試験では黒字での記入となります（赤ペンの持ち込みは禁止されているため）。

基本問題㉒ 帳簿の締切り　　解答…P318

次の決算整理後の各勘定の残高にもとづいて、総勘定元帳(略式)の記入をしなさい。なお、[　]内には勘定科目を、(　)内には金額を記入すること。

1．次の諸勘定の残高を損益勘定に振り替える。
　　売　　上　50,000円　　仕　　入　10,000円　　受取利息　1,000円
　　支払家賃　　5,000円
2．損益勘定の残高を繰越利益剰余金勘定に振り替える。

答案用紙

```
               売          上
[        ] (        ) | 諸     口    50,000

             受  取  利  息
[        ] (        ) | 現     金     1,000

               仕          入
諸     口    10,000   | [        ] (        )

             支  払  家  賃
当 座 預 金    5,000   | [        ] (        )

               損          益
[        ] (        ) | [        ] (        )
[        ] (        ) | [        ] (        )
[        ] (        ) |
             (        ) |         (        )
```

トレーニング　基礎編の問題45も解いておこう！

分け前を株主に

29 第10章 株主への配当

配当とは？

　株式会社では、会社が稼いだ利益(繰越利益剰余金)の使いみちを株主に承認してもらう必要があります。
　この利益の使いみちの1つが、**株主への配当金の支払い**です。

配当の流れ

　配当の流れは、次のとおりです。

Step 1　決算において、利益(または損失)が確定
　損益勘定で計算された当期純利益(または当期純損失)を、繰越利益剰余金勘定に振り替えます。

Step 2　株主総会において、剰余金の配当・処分の承認
　株主総会などにおいて、剰余金の配当・処分の承認を得ます。

Step 3　配当金の支払い
　株主総会の決議どおりに配当金を支払います。

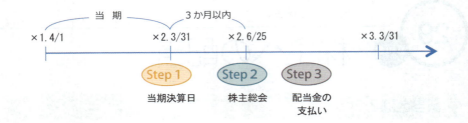

剰余金の配当・処分

剰余金の配当・処分の**決算時**、**株主総会時**、**配当金の支払時**の処理をみていきましょう。

Step 1 決算時

損益勘定で計算された当期純利益(または当期純損失)を、『**繰越利益剰余金**(資本)』に振り替えます。

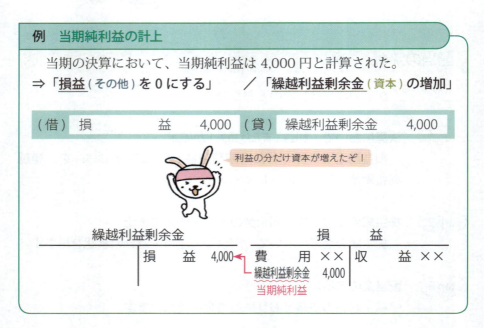

株主総会時

　株主総会において、①株主への配当や②利益準備金の積立てを決議し、その項目に振り替えます。

①株主への配当

　株主総会において、配当金額が確定したら、『**繰越利益剰余金(資本)**』を減らし、『**未払配当金**(負債)』で処理します。

株主総会の日は配当額を決議するだけで、実際には後日支払うこ
とになるので、この時点では未払いとなります。

②利益準備金

　法律で、配当金の10分の1を『**利益準備金(資本)**』として会社に残しておくことが強制されています。

Point ▶ 利益準備金⇒資本⇒増えたら貸方、減ったら借方

　会社が稼いだ利益のすべてを配当金として社外に流出させてしまうと、会社には利益が残らないことになります。それでは会社が成長しないので、利益準備金の積立てが強制されています。

利益準備金に積み立てる金額は問題文に指示されます。

> 例　配当金（確定時）
>
> 　6月25日の株主総会において、株主への配当3,000円と利益準備金の積立300円を行うことが承認された。
> ⇒「繰越利益余剰金(資本)の減少」／「未払配当金(負債)の増加」
> 　　　　　　　　　　　　　　　　「利益準備金(資本)の増加」
>
>
>
> | (借) | 繰越利益剰余金 | 3,300 | (貸) | 未 払 配 当 金 | 3,000 |
> |---|---|---|---|---|---|
> | | | | | 利 益 準 備 金 | 300 |

繰越利益剰余金の全額について、使いみちを決めるとは限りません。
また、繰越利益剰余金の全額を取崩すわけではありません。

```
       繰越利益剰余金                         未払配当金
 未払配当金  |                                      | 3,000
   3,000   |   損益
 利益準備金 |  4,000                         利益準備金
    300   |                                      |  300
```

Step 3 配当金の支払時

配当金を支払ったときは、『**未払配当金**（負債）』を減らします。

例　配当金（支払時）

株主総会で決議された、株主配当金3,000円を普通預金口座から支払った。

（借）未 払 配 当 金　3,000　（貸）普 通 預 金　3,000

コラム　建物、買う前に

会社を始めて、いきなり建物を買う人はまずいません。通常は、まず、事務所やお店を「借りる」ことになります。このとき、「家賃を払います」だけではダメで、通常は保証金を積む（貸主に預ける）ことになります。

借りたときの仕訳は次のとおりです。
　　借りた側：（借）差入保証金 ××× （貸）現　金　等 ×××
　　貸した側：（借）現　金　等 ××× （貸）預り保証金 ×××

最終的に返すときには、原状回復（借りたときの状態に戻す）義務があり借りた側は、その費用を負担し、残りが現金などとして戻ってきます。
　　借りた側：（借）修　　繕　　費 ×× （貸）差入保証金 ×××
　　　　　　　　　　現　　金　　等 ××
現実的な処理なので、知っておきましょう。

基本問題㉓　株主への配当

解答…P319

下記の一連の取引について仕訳しなさい。

1．決算において計上された、当期純利益 2,000,000 円を繰越利益剰余金勘定に振り替えた。
2．株主総会において、繰越利益剰余金を次のとおり処分することが承認された。
　　株主配当金：1,300,000 円
　　利益準備金：　130,000 円
3．株主への配当金 1,300,000 円を普通預金口座から振り込んで支払った。

答案用紙

	借方科目	金額	貸方科目	金額
1.				
2.				
3.				

トレーニング　基礎編の問題 46 も解いておこう！

第11章

精算表・財務諸表

　決算になると、当期の「正しい利益」を算定する必要があります。利益に基づいて税金や配当を支払うのですから当然ですね。

　当期の正しい利益を算定するためには、「正しい当期収益」と「正しい当期費用」の算定が必要になります。

　したがって、すでに計上してあるものでも「これは本当に当期のものですか？」と、問いかけなければなりませんし、未計上のものであっても「当期の収益や費用になるものはないですか？」と探して、あれば計上しなければなりません。

　この作業が決算整理です。

　毎回、本試験で出題されている重要な内容です。完璧にマスターしておきましょう！

当期の収益になるもの、当期の費用になるものに
着目しましょう。

30 第11章 当期の総まとめ
決算手続き

決算とは?

決算とは、期末(決算日)において、帳簿を締め切り、「**決算日における会社の財産の状況**」を表す**貸借対照表**と「**当期における利益**」を明らかにする**損益計算書**を作成する手続きです。

貸借対照表や損益計算書を総称して財務諸表といいます。

Point ▷
財政状況を示す⇒貸借対照表 ⎫
経営成績を示す⇒損益計算書 ⎭ 財務諸表

決算の流れ

決算は、「**帳簿の締切り**」と「**財務諸表の作成**」からなります。いずれも、期中の処理にもとづいて行います。

帳簿の締切りは第10章で学習済みであるため、ここでは、財務諸表の作成に必要な決算整理仕訳について、みていきましょう。

財務諸表の作成の流れ

財務諸表を作成するための流れは、次のようになります。

決算整理仕訳は「取引の仕訳」ではない!
これまで「取引について仕訳を行う」という関係がありましたが、決算整理仕訳は「正しい財務諸表を作成するために行われる仕訳」です。

```
期 首 残 高
    +
期 中 処 理
 (仕訳帳)
    ↓
総 勘 定 元 帳
    ↓
残 高 試 算 表
    +
決 算 整 理
    ↓
損 益 計 算 書
貸 借 対 照 表
```

決算整理の目的
・当期の収益と費用を正しく計算し、正しい利益を算定する。
・資産、負債、資本の金額が、当期末の残高を正しく示すようにする。

精算表の作成

残高試算表の数値をもとに、決算整理を行い、損益計算書と貸借対照表に記載する数値を確定させます。

精算表は、この一連の処理の流れを表にまとめたものです。

① **残高試算表**

総勘定元帳にもとづいて、残高試算表を作成します。

② **決算整理**

資産、負債、資本は当期末の残高を正しく示すようにし、収益と費用は当期に計上すべき金額を示し、差額で当期の利益を正しく示すように修正します。

③ **損益計算書・貸借対照表**

一定期間における儲けを明らかにするための「損益計算書」、一定時点における会社の財産の状況を明らかにするための「貸借対照表」を作成します。

当期における会社の状況を正しく示すために、決算時に**決算整理仕訳**を行い、修正する項目があります。

これを**決算整理事項**といい、これまで学習した決算整理事項を確認したあとに「**当座借越の計上**」、「**貸倒れの処理**」、「**費用・収益の修正**」についてみていきます。

これまでに学習した、期末における処理は「決算整理事項」です。

31 第11章 これまでの決算整理

これまでに見てきた決算整理をもう一度確認しましょう。

通信費・租税公課の処理 (P. 62〜参照)

通信費の決算整理

決算にあたり調べたところ、60円切手2枚が残っていた。

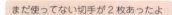

| (借) | 貯 蔵 品 | 120 | (貸) | 通 信 費 | 120 |

売上原価の算定 (P. 92〜参照)

売上原価の算定 『仕入(費用)』で計算する場合

期末にさいし、仕入勘定を用いて売上原価の算定を行う。なお、期首商品棚卸高は100円、当期商品仕入高は500円、期末商品棚卸高は200円である。

① 期首商品棚卸高　100円

| (借) | 仕 入 | 100 | (貸) | 繰 越 商 品 | 100 |

② 期末商品棚卸高　200円

| (借) | 繰 越 商 品 | 200 | (貸) | 仕 入 | 200 |

減価償却費の計上 (P.129〜参照)

減価償却費の計上

建物(取得原価5,000円)について、残存価額はゼロ、耐用年数は25年として、定額法により減価償却を行う。なお、間接法によること。

間接的に減少

(借) 減 価 償 却 費　　200 *　(貸) 建物減価償却累計額　　200

＊　5,000円÷25年＝200円

今まで学習してきた決算整理事項です。忘れてしまっていたらテキストの該当ページに戻って再確認しましょう。

当座預金口座の残高がマイナスになれば当座借越か借入金

当座借越の計上

第11章

当座借越とは？

「当座預金の残高を超える小切手を振り出してしまった！」という場合、小切手を受け取った人が、銀行で換金しようとしても、残高不足で断られてしまいます。こうなってしまうと、会社の信用はガタ落ちです。しかし、小切手を振り出す前に、残高確認をするのは手間がかかります。

そこで、「**当座預金口座の残高を超えて小切手を振り出したとしても、借越限度額までならば、取引銀行が立て替える**」という契約があります。この契約を<ruby>当座借越契約<rt>とうざかりこしけいやく</rt></ruby>といいます。

当座借越契約、結ぶ！

契約書

了解しました

借り越した場合、銀行からの借り入れになるため、利息を取られます。

Point ▷ 当座借越契約の枠内でなら、会社は当座預金口座の残高を超えて小切手を振り出すことができる。

当座借越の仕訳

当座借越が発生しても、仕訳上は通常の小切手の振り出しの処理と変わりません。

取 引　当座預金の残高を超えて小切手を振り出したとき

商品 3,000 円を仕入れ、代金は小切手を振り出して支払った。ただし、当店の当座預金の残高は 1,200 円である。なお、借越限度額 2,000 円の当座借越契約を結んでいる。

⇒「仕入(費用)の増加」　　　／「当座預金(資産)の減少」

|（借）| 仕　　入 | 3,000 |（貸）| 当 座 預 金 | 3,000 |

「借越限度額 2,000 円 ＞ 当座借越 1,800 円」となるため、限度額を超えていません。

209

決算の処理

　　　　　決算日において、当座預金が貸方残高（マイナス）となっていた場合には、残高を『**当座借越**（負債）』または『**借入金**（負債）』に振り替えて貸借対照表に表示します。

貸借対照表上で当座預金の残高がマイナスになっていたら、株主や債権者には意味が伝わりません。状況が正しく伝わるように当座借越や借入金に振り替えて表示します。

取引　当座預金の貸方残高の決算整理

　決算となり、調べたところ、当座預金勘定の残高が貸方1,800円となっていたため当座借越勘定に振り替える。
⇒「**当座預金**（資産）の増加」　　／「**当座借越**（負債）の増加」

当座預金を0にして
当座借越や借入金にすれば、みんなわかるよね

| （借）当　座　預　金　1,800 | （貸）当　座　借　越　1,800 |

　　　　　　　当座預金　　　　　　　　　　　　当座借越
　　　　　1,200円　│　　　　　　　　　　　　　　　│　1,800円
　　　　　　　　　　│　3,000円
　　　　　1,800円　│

貸借対照表
当　座　借　越　　1,800

当座借越は、より一般的な科目として借入金とすることもあります。問題の指示をよく確認しましょう。

とにかく当期の収益と当期の費用を対応させる

貸倒れの処理と貸倒引当金の設定

第11章 33

貸倒れとは？

得意先の倒産などにより、売掛金や受取手形などの代金が回収できなくなることを**貸倒れ**といいます。

当期に発生した売掛金などの当期貸倒れ

当期に売掛金が発生したということは、当期に売上を計上していることを意味します。

| （借）売 掛 金 10,000 | （貸）売 上 10,000 |

この売掛金が当期に貸し倒れると、売掛金を減らすとともに『**貸倒損失**(費用)』を計上します。

当期に売り上げたことに起因して貸倒れが起こっているので貸倒損失は当期の売上に対応する費用です。

取 引　当期発生・当期貸倒れ

当期に発生した売掛金のうち、150円が貸倒れとなった。
⇒「**貸倒損失**(費用)の増加」　／「**売掛金**(資産)の減少」

| （借）貸 倒 損 失 150 | （貸）売 掛 金 150 |

Point ▶ 貸倒損失⇒費用⇒増えたら借方、減ったら貸方の記入

当期に計上した収益(売上)と当期の貸倒れによる費用(損失)が1つの会計期間で対応しているので、この処理でOK！
ちなみに、返品ではないので、売上の取り消しはしません。

前期に発生した売掛金などが、当期に貸し倒れたら

前期に発生した売掛金が当期になってから貸し倒れると、収益(売上)は前期に計上され、費用(貸倒損失)は当期に計上されることになってしまいます。

前期

(借) 売 掛 金　10,000　(貸) 売　　　上　10,000

決算

損益計算書
|　|売　上　10,000|

当期

(借) 貸 倒 損 失　10,000　(貸) 売 掛 金　10,000

これでは、収益と費用が対応していません。
また、間に決算が入っているので、前期の利益が確定しているので修正もできません。

貸倒引当金繰入と貸倒引当金

決算にあたり、翌期の貸倒れに備えて、貸倒れが予想される金額を見積り『**貸倒引当金**(その他)』を設定するとともに、その費用として『**貸倒引当金繰入**(費用)』を計上します。

しかし、実際に得意先が倒産して、回収できなくなったわけではないため、売掛金などを直接減らすのではなく『**貸倒引当金**(その他)』を用いて、間接的に控除します。

売　掛　金	貸倒引当金
	200 円
10,000 円	

回収可能見積額 9,800 円

売掛金 10,000 円から貸倒引当金 200 円を差し引いた 9,800 円が貸借対照表に最終的に表示される金額となります。

貸倒引当金の設定

貸倒引当金を設定するさい、貸倒見積額は、次のように計算します。

> **超重要**　貸倒見積額＝売掛金などの債権の期末残高×貸倒実績率

受取手形やクレジット売掛金・電子記録債権も設定対象となります。本試験では、「期末残高の○％を設定する」といった指示が入ります。

取　引　貸倒引当金の設定

決算につき、売掛金の期末残高に対して、2％の貸倒れを見積もる。なお、売掛金の期末残高は 10,000 円である。
⇒「<u>貸倒引当金繰入</u>（費用）の増加」／「<u>貸倒引当金</u>（その他）の増加」

貸倒れを見積もって費用にしておけば安心

誰が貸倒れるかわからないから直接には減らせない

（借）貸倒引当金繰入	200 *	（貸）貸　倒　引　当　金	200

＊　10,000 円×2％＝ 200 円

213

Point ▶ 貸倒引当金 ⇒ その他(資産のマイナス)
　　　　　　　　　⇒ 増えたら貸方、減ったら借方に記入
　　　　　　　貸倒引当金繰入 ⇒ 費用 ⇒ 増えたら借方、減ったら貸方に記入

決算整理前に貸倒引当金の残高がある場合

　決算のさい、貸倒れの見積額を貸倒引当金として計上しますが、決算整理前に貸倒引当金の残高がある場合、「**貸倒見積額**」と「**決算整理前の貸倒引当金の残高**」との差額を貸倒引当金として計上します。
　この処理方法を差額補充法（さがくほじゅうほう）といいます。

Point ▶ 差額補充法 … 貸倒見積額と貸倒引当金の残高との差額を
　　　　　　　　　　　貸倒引当金として計上する方法

取引　貸倒引当金の設定(差額補充法)

　決算につき、売掛金の期末残高に対して、2％の貸倒れを見積もる。なお、売掛金の期末残高は 10,000 円、貸倒引当金の期末残高は 50 円であり、貸倒引当金の設定は差額補充法による。

⇒「**貸倒引当金繰入**(費用)の増加」／「**貸倒引当金**(その他)の増加」

　　　費用は 150 円計上　　　　　　前期末に計上していたもの
　　　すればいいんだ　　　　　　　が 50 円残っていた

(借) 貸倒引当金繰入　　150 *　(貸) 貸倒引当金　　　　150

＊　10,000 円 × 2 ％ ＝ 200 円
　　200 円　－　50 円　＝ 150 円 (繰入)
　　貸倒見積額　貸倒引当金の残高

　貸倒引当金勘定は、売掛金などの債権の貸借対照表上の金額を決めている評価勘定です。
　売掛金 10,000 円 － 貸倒引当金 200 円 ＝ 9,800 円 ← B/S の価額

決算整理前			決算整理後		
	貸倒引当金			貸倒引当金	
		50円			50円
			貸倒見積額 200円		150円

	貸倒引当金繰入
	150円

　貸倒見積額が、貸倒引当金の残高より少ない場合、貸倒引当金の設定が**過剰**であったとして、貸倒引当金を減少させます。
　貸倒引当金を減少させるさい、相手勘定科目として、『**貸倒引当金戻入**（収益）』を計上し、当期の収益とします。

Point ▶ 貸倒引当金戻入 ⇒ 収益 ⇒ 増えたら貸方、減ったら借方に記入

取　引　貸倒引当金の戻入れ

　決算につき、売掛金の期末残高に対して、2％の貸倒れを見積もる。なお、売掛金の期末残高は10,000円、貸倒引当金の期末残高は250円であり、貸倒引当金の設定は差額補充法による。

⇒「**貸倒引当金**（その他）**の減少**」／「**貸倒引当金戻入**（収益）**の増加**」

とにかく200円（見積額）計上すればいいんだ

今期、貸倒れが少なかったら収益が発生！ラッキー！

|（借）|貸 倒 引 当 金|50|（貸）|貸倒引当金戻入|50*|

＊　10,000円×2％＝200円
　　200円　－　250円　＝△50円（戻入）
　貸倒見積額　貸倒引当金の残高

実際に貸倒れた場合

得意先の倒産などにより、前期以前に発生した売掛金や受取手形などが実際に貸倒れてしまった場合は、貸倒れた売掛金や受取手形などの金額を減少させるとともに、貸倒引当金も減少させます。

取 引 貸倒れた場合の処理①

前期に発生した売掛金 150 円が貸倒れになった。なお、貸倒引当金の残高は 200 円である。

⇒「**貸倒引当金**(その他)**の減少**」／「**売掛金**(資産)**の減少**」

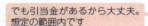

でも引当金があるから大丈夫。想定の範囲内です

貸倒れて減っちゃった〜

| (借) | 貸 倒 引 当 金 | 150 | (貸) | 売　　掛　　金 | 150 |

コラム 「ケン」の字に注意！

債権の「権」は返してもらう権利なので「権」
商品券の「券」はチケットを表す「券」
また、「券」の字の中は「力」ではなく「刀」
誤字に注意しましょう！

なお、貸倒れた金額が、貸倒引当金の残高を超えている場合、その超えた部分については『**貸倒損失**(費用)』で処理します。

引当金の残高を超えて貸し倒れた場合、その分は仕方がないので当期の費用とします。

取 引　貸倒れた場合の処理②

前期に発生した売掛金230円が貸倒れになった。なお、貸倒引当金の残高は200円である。

⇒「**貸倒引当金**(その他)**の減少**」／「**売掛金**(資産)**の減少**」
　「**貸倒損失**(費用)**の増加**」

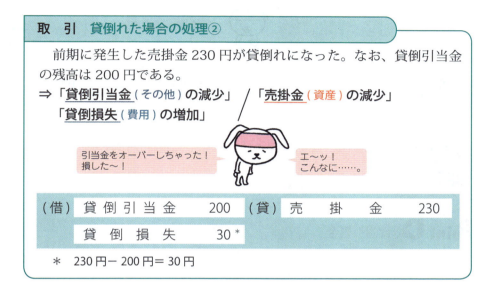

(借)	貸 倒 引 当 金	200	(貸)	売 　 掛 　 金	230
	貸 倒 損 失	30＊			

＊　230円－200円＝30円

前期以前に貸倒れた債権の回収

前期以前に、貸倒れとして処理していた売掛金や受取手形などの債権が回収できたときは、『**償却債権取立益**(収益)』で処理します。

倒産後に、その会社に残った財産を債権者で分配します。
過去に償却(費用化)した債権が取立てられて利益になった。という科目です。

Point ▶　償却債権取立益 ⇒ 収益 ⇒ 増えたら貸方、減ったら借方に記入

取 引　前期以前の債権の回収

　前期に貸倒れとして処理していた売掛金100円が回収され、当座預金口座に振り込まれた。
⇒「当座預金(資産)の増加」　　／　「償却債権取立益(収益)の増加」

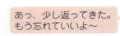

あっ、少し返ってきた。もう忘れていいよ～

でも嬉しいよね！

| (借) | 当 座 預 金 | 100 | (貸) | 償却債権取立益 | 100 |

貸倒れ(倒産)後、返金されるのは、だいたい債権額の5％くらいです。
ですから、簿記では貸倒れを費用として処理しておきます。

Point　貸倒引当金
①決算のとき
　ⅰ 貸倒見積額 ＞ 貸倒引当金残高
(借)貸倒引当金繰入　××　(貸)貸倒引当金　××
　ⅱ 貸倒見積額 ＜ 貸倒引当金残高
(借)貸倒引当金　××　(貸)貸倒引当金戻入　××
②貸倒れのとき
　ⅰ 前期発生分
(借)貸倒引当金　××　(貸)売掛金等　××
　ⅱ 当期発生分
(借)貸倒損失　××　(貸)売掛金等　××
③前期以前に貸倒れ処理した債権を回収したとき
(借)現金等　××　(貸)償却債権取立益　××

基本問題㉔　貸倒れの処理と貸倒引当金の設定　　解答…P319

下記の各取引について仕訳しなさい。

1. 売掛金の期末残高100,000円に対して、2％の貸倒引当金を差額補充法により設定する。なお、貸倒引当金残高は1,500円であった。
2. 売掛金の期末残高100,000円に対して、2％の貸倒引当金を差額補充法により設定する。なお、貸倒引当金残高は2,500円であった。
3. 前期に発生した売掛金3,000円が貸し倒れた。なお、貸倒引当金残高は2,000円であった。
4. 当期に発生した売掛金1,000円が貸し倒れた。なお、貸倒引当金残高は2,000円であった。
5. 前期に貸倒れとして処理していた売掛金100,000円のうち20,000円が回収され、当座預金口座に振り込まれた。

答案用紙

	借方科目	金額	貸方科目	金額
1.				
2.				
3.				
4.				
5.				

トレーニング　基礎編の問題47～50も解いておこう！

前払いした費用は資産です

34 第11章 費用の前払い

費用の前払いとは？

　費用の多くは、支払時にその金額を費用として計上しています。しかし、その中に次期の分が入っている場合、決算では『**前払費用**（**資産**）』として計上することになります。

当期の利益を正しく計上するために、前払分は、まだサービスの提供を受けていないので当期の費用としてはいけません。

　決算にあたり、期中に費用として計上していたものを、「**当期の費用になるもの**」と「**次期の費用になるもの**」に分け、次期の費用になるものを**費用から控除**します。

前払費用は、費用のところに具体的な費用名を入れ、『前払保険料』といった科目で処理します。

Point ▶ 前払費用 ⇒ 資産 ⇒ 増えたら借方、減ったら貸方に記入

取　引　費用の前払い

保険料 1,200 円は、当期の 2 月 1 日に 1 年分を支払ったものであり、決算にさいして前払分について適切な処理を行う。なお、決算日は 3 月 31 日である。

⇒ 「前払保険料（資産）の増加」　／　「保険料（費用）の減少」

資産にする　　　　　　　多すぎた費用を減らして……。

| （借） | 前 払 保 険 料 | 1,000 | （貸） | 保　　険　　料 | 1,000* |

＊　当期の費用になるもの（2月～3月の2か月分）
　　次期の費用になるもの（4月～1月の10か月分）

$$1,200 円 \times \frac{10 か月}{12 か月} = 1,000 円（前払分）$$

2/1 ──────　　（借）保　険　料　1,200　（貸）現　　　金　1,200

当期分
2か月

3/31 ──────　（借）前払保険料　1,000　（貸）保　険　料　1,000

保険料　　　　　　　　　　前払保険料

| 1,200 円 | 1,000 円 |　　| 1,000 円 | 次期繰越 1,000 円 |

　　　　　　当期分　　　　　　　⇧
　　　　　　残高 200 円　　　　次期分
　　　　　　⇒損益へ

次期分
10か月

1/31 ──────

前払分とは、4月～1月分の10か月分になります。

超重要　前払いした費用は、もし仮に決算日に解約したとすると、返金されるはずのものなので資産になります。

221

前受けした収益は負債です

収益の前受け

収益の前受けとは？

　収益の多くは受け取り時に収益として計上しています。

　しかし、その中に次期の分が入っている場合、決算では『**前受収益**(負債)』として計上することになります。

当期の利益を正しく計上するために、まだサービスを提供していない前受分は当期の収益としてはいけません。

　決算にあたり、期中に収益として計上していたものを、「**当期の収益になるもの**」と「**次期の収益になるもの**」に分け、次期の収益になるものを**収益から控除**します。

前受収益は、収益のところに具体的な収益名を入れ、『前受利息』といった科目で処理します。

 前受収益 ⇒ 負債 ⇒ 増えたら貸方、減ったら借方に記入

取 引　収益の前受け

受取家賃 2,400 円は、所有する建物の一部賃貸によるもので、当期の 12 月 1 日に半年分を受け取ったものであり、未経過分について適切な処理を行う。なお、決算日は 3 月 31 日である。

⇒「**受取家賃**（収益）の減少」　　／「**前受家賃**（負債）の増加」

多すぎた収益を減らして　　負債にする

| （借）受　取　家　賃　　800* | （貸）前　受　家　賃　　800 |

* 当期の収益になるもの (12月～3月の4か月分)
  次期の収益になるもの (4月～5月の2か月分)

$$2,400 円 \times \frac{2 か月}{6 か月} = 800 円（前受分）$$

12/ 1 ─┬──　　（借）現　　　　金　2,400　（貸）受 取 家 賃　2,400

当期分
4か月

3 /31 ─┼──　　（借）受 取 家 賃　　800　（貸）前 受 家 賃　　800

次期分
2か月

5 /31 ─┴──

受取家賃
| 800 円 | 2,400 円 |

当期分
残高 1,600 円
⇒損益へ

前受家賃
次期繰越	800 円
800 円	↑
	次期分

前受分とは、4月～5月分の2か月になります。

 超重要　前受けした収益は、もし仮に決算日に解約されてしまったとすると、返金しなければならないものなので、負債となります。

未払いの費用は負債です

費用の未払い

第11章

費用の未払いとは？

期中に費用として計上していなくても、すでに発生しているものは、当期の費用にすべきであり、決算では『**未払費用**(負債)』として計上することになります。

当期の費用を正しく計上するためには、まだ支払いをしていなくても既にサービスの提供を受けている分は当期の費用としなければなりません。

決算にあたり、「**当期の費用にすべきもの**」の処理を行います。

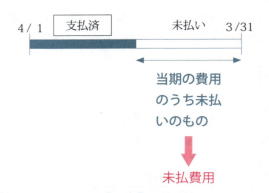

未払費用は、費用のところに具体的な費用名を入れ、『未払利息』といった科目で処理します。

Point ▶ 未払費用 ⇒ 負債 ⇒ 増えたら貸方、減ったら借方に記入

> **取 引　費用の未払い**

借入金 100,000 円は当期の 6 月 1 日に期間 2 年、年利率 1.2％の条件で借り入れたもので、利息は 11 月末と 5 月末に 6 か月分をまとめて現金で支払うことになっている。なお、決算日は 3 月 31 日であり、利息の計算は月割りによる。

⇒ 「支払利息(費用)の増加」　　／「未払利息(負債)の増加」

発生した費用を計上したけど　　まだ支払っていないから未払い

(借) 支 払 利 息	400*	(貸) 未 払 利 息	400

＊　当期の費用にすべきもの (12 月～3 月の 4 か月分)　　※ 11 月末までは支払済
　　100,000 円 × 1.2％ ÷ 12 か月 ＝ 100 円／月　　100 円／月 × 4 か月 ＝ 400 円

6/1
6か月
11/30
4か月
3/31

(借) 現　　　金　100,000　(貸) 借　入　金　100,000

(借) 支 払 利 息　　600　(貸) 現　　　金　　600

(借) 支 払 利 息　　400　(貸) 未 払 利 息　　400

12 月～3 月の 4 か月分の利息を当期の費用として、月割で計上します。ちなみに、既に支払期日が到来しているものは、未払金となります。

未払いの費用は、もし仮に決算日に解約しても、経過分は代金を支払わなければならないので、負債となります。

未収収益は資産です

収益の未収 第11章

収益の未収とは？

　期中に収益として計上していなくても、すでに発生しているものは、当期の収益にすべきであり、決算では『**未収収益(資産)**』として計上することになります。

当期の収益を正しく計上するために、まだ、対価を受け取っていなくても、既にサービスを提供した分は当期の収益としなければなりません。

　決算にあたり、「**当期の収益にすべきもの**」を計上します。

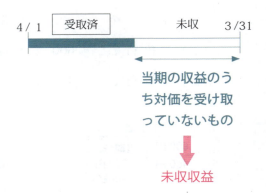

未収収益は、収益のところに具体的な収益名を入れ、『**未収利息**』といった科目で処理します。

Point ▷ 　未収収益 ⇒ 資産 ⇒ 増えたら借方、減ったら貸方に記入

取 引 収益の未収

貸付金 30,000 円は当期の 1 月 1 日に期間 1 年、年利率 2 ％の条件で貸し付けたもので、利息は返済時に一括して受け取ることになっている。なお、決算日は 3 月 31 日であり、利息の計算は月割りによる。

⇒「未収利息(資産)の増加」 ／「受取利息(収益)の増加」

まだ受け取ってないから未収　　発生した収益を計上したけど

| (借) | 未 収 利 息 | 150 | (貸) | 受 取 利 息 | 150 * |

* 当期の収益になるもの (1 月～ 3 月の 3 か月分)

$$30,000 円 × 2\% × \frac{3 か月}{12 か月} = 150 円 (未収分)$$

1 / 1 ── (借) 貸 付 金　30,000 (貸) 現　　金　30,000
3 か月
3 /31 ── (借) 未 収 利 息　150 (貸) 受 取 利 息　150

　　　　　　未収利息　　　　　　　　　受取利息
　　　150 円 ｜ 次期繰越　　　当期分　｜ 150 円
　　　　↑　　　150 円　　　　⇒損益へ
　　　未収分

1 月～ 3 月の 3 か月分の利息を当期の収益として、月割で計上します。

超重要 未収の収益は、もし仮に決算日に解約されても、経過分については代金を受け取ることができるので資産となります。

基本問題㉕　費用と収益の期末調整

解答…P320

次の資料にもとづいて、決算整理仕訳をしなさい。なお、当期の決算日は×2年3月31日である。

1．支払家賃の前払分が 18,000 円ある。
2．受取家賃の前受分が 4,000 円ある。
3．支払地代の未払分が 20,000 円ある。
4．受取家賃の未収分が 50,000 円ある。
5．保険料 72,000 円は、当期の2月1日に向こう半年分を支払ったものである。
6．受取地代 10,800 円は、当期の3月1日に向こう半年分を受け取ったものである。
7．借入金 200,000 円の利率は年3％であり、半年ごと(6月末と12月末)に支払うことになっているが、利息のうち1月から3月までの期間が未払いとなっている。なお、利息の計算は月割りによる。
8．定期預金 730,000 円は、12月1日に1年満期(年利率2％)で預け入れたものである。すでに経過した121日分の利息について適切な処理を行う。なお、利息は1年を365日とする日割計算による。

答案用紙

	借方科目	金額	貸方科目	金額
1．				
2．				
3．				
4．				
5．				
6．				
7．				
8．				

トレーニング　基礎編の問題 51 ～ 54 も解いておこう！

決算整理仕訳と貸借が逆になる

38 第11章 再振替仕訳

前払費用、前受収益、未払費用、未収収益のその後

費用の未払いを例にして、次期の利払日(5/31)の仕訳を考えてみましょう。

『支払利息(費用)』は損益勘定に振り替えられますが、『未払利息(負債)』は次期に繰り越されています。

取 引　費用の未払い

借入金100,000円は当期の6月1日に期間2年、年利率1.2%の条件で借り入れたもので、利息は11月末と5月末に6か月分をまとめて現金で支払うこととなっている。なお、決算日は3月31日であり、利息の計算は月割りによる。

月100円で4か月分を未払いにしなきゃ

| (借) 支 払 利 息 | 400* | (貸) 未 払 利 息 | 400 |

* 100,000円×1.2%÷12か月＝100円/月　100円/月×4か月＝400円

誤った処理

6/1	(借)現　　　金	100,000	(貸)借　入　金	100,000

6か月

| 11/30 | (借)支 払 利 息 | 600 | (貸)現　　　金 | 600 |

4か月

| 3/31 | (借)支 払 利 息 | 400 | (貸)未 払 利 息 | 400 |

2か月

| 5/31 | (借)未 払 利 息 | 400 | (貸)現　　　金 | 600 |
| | 　　支 払 利 息 | 200 | | |

　上記のように、「決算で計上した4か月分の未払利息400円を取り消し、今期分の200円を支払利息に計上する」と考えたのでは、同じ利息の支払いの処理である11/30の仕訳と異なってしまいます。

同じ取引は同じ仕訳とする。
同じ取引について、異なる仕訳をすると取引額を勘定に集計することができなくなります。

5/31に11/30と同じ仕訳を行うことができるようにするためには、期首(4/1)に前期末(3/31)に行った仕訳と貸借逆の仕訳を行っておく必要があります。

この仕訳を**再振替仕訳**といいます。

再振替仕訳を行った場合の1年間の仕訳と関係する勘定の動きを確認しましょう。

正しい処理

前期末
3/31　　　　　（借）支 払 利 息　　400　（貸）未 払 利 息　　400

―――――――――――――――――――――――――――――――――――

当期首
4/1　　　　　（借）未 払 利 息　　400　（貸）支 払 利 息　　400

2か月
5/31　　　　　（借）支 払 利 息　　600　（貸）現　　　　金　　600

6か月
11/30　　　　（借）支 払 利 息　　600　（貸）現　　　　金　　600

3/31　　　　　（借）支 払 利 息　　400　（貸）未 払 利 息　　400

支払利息		未払利息	
5/31　600円	4/1　400円	4/1　400円	400円
11/30　600円	1,200円 ⇒損益へ		3/31　400円
3/31　400円			

結果として、支払利息勘定の残高は、当期分（4/1～3/31）の支払利息の金額を表すようになります。

Point ▶ 同じ理由により、未払費用の他、前払費用、前受収益、未収収益、貯蔵品に振り替えた通信費や租税公課についても翌期の期首に再振替仕訳を行います。

基本問題㉖　再振替仕訳

次の資料にもとづいて、当期首に必要な再振替仕訳をしなさい。なお、当期の決算日は×3年3月31日である。

1. 前期末において、支払家賃の前払分が18,000円あった。
2. 前期末において、受取家賃の前受分が4,000円あった。
3. 前期末において、支払地代の未払分が20,000円あった。
4. 前期末において、受取地代の未収分が50,000円あった。
5. 前期末において、収入印紙の未使用分が、4,800円あった。

答案用紙

	借方科目	金額	貸方科目	金額
1.				
2.				
3.				
4.				
5.				

トレーニング　基礎編の問題55も解いておこう！

一つの表にまとめたもの

精算表の作成

精算表とは？

決算にさいし、残高試算表の数値をもとに決算整理を行い、損益計算書と貸借対照表に記載する数値を確定させます。
　精算表は、この一連の処理の流れを表にまとめたものです。

精算表は、帳簿ではなく、決算手続きの結果を把握するために用います。

精算表の形式

精算表の形式は、次のとおりです。

精　算　表

勘定科目	残高試算表		修正記入		損益計算書		貸借対照表	
	借方	貸方	借方	貸方	借方	貸方	借方	貸方
現　　　金	700			100			600	
借　入　金		200	100					100
資　本　金		300						300
売　　　上		500				500		
仕　　　入	400		70	60	410			
	勘定科目ごとの残高を記入		決算整理仕訳の金額を記入		↑費用	↑収益	↑資産	↑負債　資本

勘定科目欄は、基本的に「資産 ⇒ 負債 ⇒ 資本 ⇒ 収益 ⇒ 費用」の順番で記入されています。

233

精算表の作成

精算表への記入をみていきます。まずは、決算整理仕訳を修正記入欄に記入します。

例　修正記入欄への記入

次の決算整理仕訳にもとづき、修正記入欄への記入をしなさい。

（借）仕 入	4,000	（貸）繰 越 商 品	4,000
（借）繰 越 商 品	5,000	（貸）仕 入	5,000
（借）貸倒引当金繰入	40	（貸）貸 倒 引 当 金	40
（借）減 価 償 却 費	1,200	（貸）建物減価償却累計額	1,200
（借）前 払 利 息	60	（貸）支 払 利 息	60

精　算　表

勘 定 科 目	残高試算表		修 正 記 入		損益計算書		貸借対照表	
	借方	貸方	借方	貸方	借方	貸方	借方	貸方
現　　　　金	19,300							
売　掛　金	7,300							
繰 越 商 品	4,000		5,000	4,000				
建　　　　物	18,000							
買　掛　金		5,000						
借　入　金		10,000						
貸 倒 引 当 金		100		40				
建物減価償却累計額		6,400		1,200				
資　本　金		15,000						
繰越利益剰余金		5,000						
売　　　　上		25,000						
仕　　　　入	17,600		4,000	5,000				
支 払 利 息	300			60				
	66,500	66,500						
貸倒引当金繰入			40					
減 価 償 却 費			1,200					
前 払 利 息			60					
当 期 純 利 益								
			10,300	10,300				

234

次に、残高試算表欄の金額に、修正記入欄に記入した金額を加減 (同じ側は加算、反対側は減算) して、損益計算書欄と貸借対照表欄に記入します。

例　損益計算書欄・貸借対照表欄への記入

次の精算表を完成させなさい。

精　算　表

勘 定 科 目	残高試算表 借方	残高試算表 貸方	修 正 記 入 借方	修 正 記 入 貸方	損益計算書 借方	損益計算書 貸方	貸借対照表 借方	貸借対照表 貸方
現　　　　　金	19,300						19,300	
売　　掛　　金	7,300						7,300	
繰　越　商　品	4,000		⊕5,000	⊖4,000			5,000	
建　　　　　物	18,000						18,000	
買　　掛　　金		5,000						5,000
借　　入　　金		10,000						10,000
貸 倒 引 当 金		100		⊕40				140
建物減価償却累計額		6,400		⊕1,200				7,600
資　　本　　金		15,000						15,000
繰越利益剰余金		5,000						5,000
売　　　　　上		25,000				25,000		
仕　　　　　入	17,600		⊕4,000	⊖5,000	16,600			
支 払 利 息	300			⊖60	240			
	66,500	66,500						
貸倒引当金繰入			40		40			
減 価 償 却 費			1,200		1,200			
前 払 利 息			60				60	
当 期 純 利 益					6,920			6,920
			10,300	10,300	25,000	25,000	49,660	49,660

　⬭ は加算します。　　⬭ は減算します。

繰　越　商　品：4,000 円＋ 5,000 円－ 4,000 円＝ 5,000 円

貸 倒 引 当 金：100 円＋ 40 円＝ 140 円

建物減価償却累計額：6,400 円＋ 1,200 円＝ 7,600 円

仕　　　　　入：17,600 円＋ 4,000 円－ 5,000 円＝ 16,600 円

支 払 利 息：300 円－ 60 円＝ 240 円

当期純利益は、**損益計算書欄の貸借差額で計算**し、貸借対照表欄に貸借逆に記入します。なお、当期純損失となる場合は、損益計算書欄の貸方および貸借対照表欄の借方に記入されます。

基本問題㉗ 精算表の作成／精算表の記入方法 解答…P321

精算表を完成しなさい。

答案用紙

精　算　表

勘 定 科 目	残高試算表		修 正 記 入		損益計算書		貸借対照表	
	借方	貸方	借方	貸方	借方	貸方	借方	貸方
現　　　　金	38,000							
当 座 預 金	93,000							
売 　 掛 　 金	80,000							
繰 越 商 品	25,000		30,000	25,000				
建　　　　物	200,000							
貸 　 付 　 金	150,000							
買 　 掛 　 金		23,000						
貸 倒 引 当 金		1,000		1,400				
建物減価償却累計額		27,000		9,000				
資 　 本 　 金		400,000						
繰越利益剰余金		100,000						
売 　 　 　 上		320,000						
受 取 利 息		9,000		3,000				
仕 　 　 　 入	240,000		25,000	30,000				
給 　 　 　 料	36,000							
支 払 家 賃	18,000		6,000					
	880,000	880,000						
貸倒引当金繰入			1,400					
減 価 償 却 費			9,000					
未 収 利 息			3,000					
未 払 家 賃				6,000				
当 期 純 利 益								
			74,400	74,400				

236

基本問題㉘ 精算表の作成／修正記入

解答…P322

次の［**決算整理事項**］にもとづいて、精算表を完成しなさい。

[**決算整理事項**]

1．売上原価の算定

　商品の期末有高は 6,000 円であった。

　(借) 仕　　　　　入　　5,000　(貸) 繰 越 商 品　　5,000
　(借) 繰 越 商 品　　6,000　(貸) 仕　　　　　入　　6,000

2．減価償却費の計上

　建物について、3,000 円の減価償却費を計上する。

　(借) 減 価 償 却 費　　3,000　(貸) 建物減価償却累計額　　3,000

3．貯蔵品の処理

　郵便切手のうち 3,000 円は未使用であったため貯蔵品へ振り替える。

　(借) 貯 蔵 品　　3,000　(貸) 通 信 費　　3,000

答案用紙

精　算　表

勘 定 科 目	残高試算表		修 正 記 入		損益計算書		貸借対照表	
	借 方	貸 方	借 方	貸 方	借 方	貸 方	借 方	貸 方
⋮								
繰 越 商 品	5,000							
⋮								
建物減価償却累計額		7,000						
⋮								
仕　　　　　入	120,000							
⋮								
通 信 費	12,000							
	××	××						
(　　　　　)								
(　　　　　)								

237

基本問題㉙　精算表の作成／まとめ

解答…P323

次の［**決算整理事項**］にもとづいて、精算表を完成しなさい。会計期間は、×1年4月1日から×2年3月31日までの1年間である。

［決算整理事項］

1．売掛金の期末残高に対して、差額補充法により2％の貸倒れを見積もる。

2．当座預金の貸方残高の全額を借入金に振り替える。なお、取引銀行とは借越限度額を200,000円とする当座借越契約を結んでいる。

3．期末商品棚卸高は32,000円であった。売上原価は、「仕入」の行で計算すること。

4．建物について耐用年数30年、残存価額はゼロとして、定額法により減価償却を行う。

5．保険料は、当期の10月1日に向こう1年分をまとめて支払ったものである。

238

答案用紙

精　算　表

勘定科目	残高試算表 借方	残高試算表 貸方	修正記入 借方	修正記入 貸方	損益計算書 借方	損益計算書 貸方	貸借対照表 借方	貸借対照表 貸方
現　　　　金	32,000							
当　座　預　金		118,000						
売　　掛　　金	300,000							
繰　越　商　品	43,000							
建　　　　物	450,000							
買　　掛　　金		43,500						
貸　倒　引　当　金		1,500						
建物減価償却累計額		30,000						
借　　入　　金		82,000						
資　　本　　金		300,000						
繰越利益剰余金		100,000						
売　　　　上		320,000						
仕　　　　入	140,000							
保　　険　　料	30,000							
	995,000	995,000						
貸倒引当金繰入								
減　価　償　却　費								
前　払　保　険　料								
当　期　純　利　益								

トレーニング　基礎編の問題 56 〜 58 も解いておこう！

会社の成績表と成長の証

第11章 40 損益計算書と貸借対照表の作成

損益計算書と貸借対照表の形式

損益計算書の形式は、次のとおりです。

① 会計期間 (通常 1 年間) を記入
② 決算整理後の費用の「勘定科目と金額」を記入
③ 決算整理後の収益の「勘定科目と金額」を記入

貸借対照表の形式は、次のとおりです。

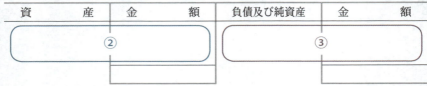

① 決算日 (当期末日) を記入
② 決算整理後の資産の「勘定科目と金額」を記入
③ 決算整理後の負債及び資本の「勘定科目と金額」を記入

決算整理後の数値を記入することになります。

損益計算書と貸借対照表の作成

損益計算書と貸借対照表への記入をみていきましょう。

精算表では、残高試算表欄の金額に、修正記入欄に記入した金額を加減して、損益計算書欄と貸借対照表欄に記入しました。

精算表の損益計算書欄と貸借対照表欄に記入した金額を一つの表にまとめたとすると、**決算整理後の残高試算表**になります。

例　損益計算書と貸借対照表の作成

次の決算整理後の残高試算表にもとづいて、損益計算書と貸借対照表を完成しなさい。

決算整理後残高試算表
×2年3月31日

借　　方	勘定科目	貸　　方
19,300	現　　金	
7,300	売　掛　金	
5,000	繰越商品	
60	前払利息	
18,000	建　　物	
	買　掛　金	5,000
	借　入　金	10,000
	貸倒引当金	140
	建物減価償却累計額	7,600
	資　本　金	15,000
	繰越利益剰余金	5,000
	売　　上	25,000
16,600	仕　　入	
240	支払利息	
40	貸倒引当金繰入	
1,200	減価償却費	
67,740		67,740

損 益 計 算 書
×1年4月1日から×2年3月31日まで

費　　用	金　　額	収　　益	金　　額
（売 上 原 価）	（　　16,600）	（売　上　高）	（　　25,000）
貸倒引当金繰入	（　　　　40）		
減 価 償 却 費	（　　1,200）		
支 払 利 息	（　　　240）		
（当 期 純 利 益）	（　　6,920）		
	（　　25,000）		（　　25,000）

貸 借 対 照 表
×2年3月31日

資　　産	金　　額		負債及び純資産	金　　額
現　　金		（　19,300）	買　掛　金	（　　5,000）
売　掛　金	（　7,300）		借　入　金	（　10,000）
（貸倒引当金）	（　　140）	（　7,160）	資　本　金	（　15,000）
（商　　品）		（　5,000）	（繰越利益剰余金）	（　11,920）
（前 払 費 用）		（　　60）		
建　　物	（　18,000）			
（減価償却累計額）	（　7,600）	（　10,400）		
		（　41,920）		（　41,920）

損益計算書

売　　　　　　上 → 売 上 高（表示科目）
仕　　　　　　入 → 売上原価（表示科目）
当 期 純 利 益＝収益合計－費用合計

貸借対照表

貸 倒 引 当 金 → 売掛金から控除する形式
繰 越 商 品 → 商　品（表示科目）
前 払 利 息 → 前払費用（表示科目）
減 価 償 却 累 計 額 → 建物から控除する形式

　　帳簿上の**勘定科目**と財務諸表に記載される<ruby>表示科目<rt>ひょうじかもく</rt></ruby>が異なる場合があります。

　　『**貸倒引当金**（その他）』や『**減価償却累計額**（その他）』など資産のマイナスとなるものは、**資産から控除する形式**で記載されます。

財務諸表の記載のルールに注意しましょう。
なお、貸借対照表の「減価償却累計額」には、固定資産の名称は入れません。

決算整理前残高試算表からの損益計算書と貸借対照表の作成

　決算整理後残高試算表からの損益計算書と貸借対照表の作成についてみてきましたが、本試験では、決算整理前残高試算表からの損益計算書と貸借対照表の作成が出題されます。
　ここでは、決算整理前残高試算表からの損益計算書と貸借対照表の作成の流れについてみていきます。

精算表の作成の流れと同じです。

Step 1　決算整理前残高試算表 ± 決算整理仕訳 ⇒ 決算整理後残高試算表

　決算整理前残高試算表の金額に、決算整理仕訳の金額を加減して、決算整理後残高試算表を作成します。

Step 2　決算整理後残高試算表 ⇒ 損益計算書、貸借対照表

　決算整理後残高試算表から、損益計算書と貸借対照表を作成します。

「Step 2」の決算整理後残高試算表から損益計算書と貸借対照表を作成する流れは、すでに学習しましたね。

| | 例 | 決算整理前残高試算表からの損益計算書と貸借対照表の作成 |

　次の［**決算整理前残高試算表**］と［**決算整理仕訳**］にもとづいて、損益計算書と貸借対照表を完成しなさい。

［**決算整理前残高試算表**］

決算整理前残高試算表
×2年3月31日

借　　方	勘　定　科　目	貸　　方
19,300	現　　　　　金	
7,300	売　　掛　　金	
4,000	繰　越　商　品	
18,000	建　　　　　物	
	買　　掛　　金	5,000
	借　　入　　金	10,000
	貸　倒　引　当　金	100
	建物減価償却累計額	6,400
	資　　本　　金	15,000
	繰越利益剰余金	5,000
	売　　　　　上	25,000
17,600	仕　　　　　入	
300	支　払　利　息	
66,500		66,500

［**決算整理仕訳**］

(借) 仕　　　　　入	4,000	(貸) 繰　越　商　品	4,000
(借) 繰　越　商　品	5,000	(貸) 仕　　　　　入	5,000
(借) 貸倒引当金繰入	40	(貸) 貸　倒　引　当　金	40
(借) 減　価　償　却　費	1,200	(貸) 建物減価償却累計額	1,200
(借) 前　払　利　息	60	(貸) 支　払　利　息	60

244

損 益 計 算 書
×1年4月1日から×2年3月31日まで

費　　　　用	金　　　額	収　　　益	金　　　額
(売 上 原 価)	(16,600)	(売　上　高)	(25,000)
貸倒引当金繰入	(40)		
減 価 償 却 費	(1,200)		
支 払 利 息	(240)		
(当 期 純 利 益)	(6,920)		
	(25,000)		(25,000)

貸 借 対 照 表
×2年3月31日

資　　　産	金　　　額	負債及び純資産	金　　　額
現　　　　金	(19,300)	買　掛　金	(5,000)
売　掛　金　(7,300)		借　入　金	(10,000)
(貸倒引当金) (140)	(7,160)	資　本　金	(15,000)
(商　　　品)	(5,000)	(繰越利益剰余金)	(11,920)
(前 払 費 用)	(60)		
建　　　　物　(18,000)			
(減価償却累計額) (7,600)	(10,400)		
	(41,920)		(41,920)

決算整理前残高試算表は、234ページの精算表における「残高試算表」と対応しています。

決算整理後残高試算表の作成

1. 決算整理仕訳を行います。
   この例の決算整理仕訳は、244ページの5つです。
2. 決算整理仕訳の金額を、決算整理前残高試算表の各勘定に加算または減算します。
   決算整理前残高試算表にない勘定は、勘定科目と金額を欄外に記入しておきます。

決算整理前残高試算表
×2年3月31日

借 方	勘 定 科 目	貸 方
19,300	現　　　　　金	
7,300	売　掛　金	
5,000 ← −4,000 +5,000 ← 4,000	繰　越　商　品	
18,000	建　　　　　物	
	買　掛　金	5,000
	借　入　金	10,000
	貸倒引当金	100 −+40→ 140
	建物減価償却累計額	6,400 −+1,200→ 7,600
	資　本　金	15,000
	繰越利益剰余金	5,000
	売　　　　　上	25,000
16,600 ← +4,000 −5,000 ← 17,600	仕　　　　　入	
240 ← −60 ← 300	支　払　利　息	
66,500		66,500

貸倒引当金繰入　　40
減価償却費　　1,200
前払利息　　　　60

 統一試験の場合、問題用紙に直接、記入しておくと効率的に解くことができます。

以上をまとめると、決算整理後残高試算表が完成します。

決算整理後残高試算表
×2年3月31日

借　　　方	勘 定 科 目	貸　　　方
19,300	現　　　　金	
7,300	売　掛　金	
5,000	繰 越 商 品	
60	前 払 利 息	
18,000	建　　　　物	
	買　掛　金	5,000
	借　入　金	10,000
	貸 倒 引 当 金	140
	建物減価償却累計額	7,600
	資　本　金	15,000
	繰越利益剰余金	5,000
	売　　　　上	25,000
16,600	仕　　　　入	
240	支 払 利 息	
40	貸倒引当金繰入	
1,200	減 価 償 却 費	
67,740		67,740

決算整理仕訳の金額を加減した勘定は、残高が変わっているので注意しましょう。

 損益計算書と貸借対照表の作成

Step 1 で作成した決算整理後残高試算表から、損益計算書と貸借対照表を作成します。この流れはすでに学習しましたね。

慣れてきたら、決算整理後残高試算表を作成せず、問題用紙の決算整理前残高試算表に書き込んだ数値を用いて、直接、損益計算書と貸借対照表を作成してみましょう。

基本問題㉚　貸借対照表と損益計算書の作成Ⅰ

解答…P324

次の決算整理後の残高試算表にもとづいて、損益計算書と貸借対照表を完成しなさい。

決算整理後残高試算表
×6年3月31日

借　　方	勘 定 科 目	貸　　方
41,500	現　　　　金	
65,550	当 座 預 金	
150,000	売　 掛 　金	
132,050	繰 越 商 品	
180,000	建　　　　物	
	支 払 手 形	45,200
	買　 掛 　金	46,000
	借　 入 　金	80,000
	貸 倒 引 当 金	7,500
	建物減価償却累計額	31,000
	資　 本 　金	200,000
	繰越利益剰余金	50,000
	売　　　　上	940,000
625,000	仕　　　　入	
134,000	給　　　　料	
41,370	広 告 宣 伝 費	
8,600	保　 険 　料	
4,230	貸倒引当金繰入	
14,600	減 価 償 却 費	
2,100	支 払 利 息	
1,000	前 払 保 険 料	
	未 払 利 息	300
1,400,000		1,400,000

248

答案用紙

損 益 計 算 書
×5年4月1日から×6年3月31日まで

費　　　　用	金　　　額	収　　　益	金　　　額
（　　　　　　）	（　　　　　）	（　　　　　　）	（　　　　　　）
給　　　料	（　　　　　）		
広 告 宣 伝 費	（　　　　　）		
保　険　料	（　　　　　）		
貸倒引当金繰入	（　　　　　）		
減 価 償 却 費	（　　　　　）		
支 払 利 息	（　　　　　）		
（　　　　　）	（　　　　　）		
	（　　　　　）		（　　　　　）

貸 借 対 照 表
×6年3月31日

資　　　産	金　　　額	負債及び純資産	金　　　額
現　　　金	（　　　　　）	支 払 手 形	（　　　　）
当 座 預 金	（　　　　　）	買　掛　金	（　　　　）
売　掛　金	（　　　）	未 払 費 用	（　　　　）
（　　　　　）	（　　　）（　　　）	借　入　金	（　　　　）
（　　　　　）	（　　　　　）	資　本　金	（　　　　）
（　　　　　）	（　　　　　）	（　　　　　）	（　　　　）
建　　　物	（　　　）		
（　　　　　）	（　　　）（　　　）		
	（　　　　　）		（　　　　）

249

基本問題㉛　貸借対照表と損益計算書の作成Ⅱ　解答…P325

　次の(1)決算整理前残高試算表および(2)決算整理事項にもとづいて、損益計算書と貸借対照表を完成しなさい。

(1)　決算整理前残高試算表

決算整理前残高試算表
×9年3月31日

借　　方	勘定科目	貸　　方
157,000	現　　　　金	
1,211,000	普 通 預 金	
233,000	売 　掛 　金	
149,000	繰 越 商 品	
1,500,000	建　　　　物	
	買 　掛 　金	121,000
	仮 　受 　金	23,000
	貸 倒 引 当 金	3,000
	建物減価償却累計額	550,000
	資　　本　　金	1,750,000
	繰越利益剰余金	203,000
	売　　　　上	4,350,000
3,130,000	仕　　　　入	
325,000	給　　　　料	
169,000	旅 費 交 通 費	
51,000	水 道 光 熱 費	
40,000	通 　信 　費	
35,000	保 　険 　料	
7,000,000		7,000,000

(2)　決算整理事項

1．仮受金の残高は、得意先に対する売掛金の回収分であることが判明した。

2．期末商品棚卸高は178,000円である。

3．売掛金の期末残高に対して2％の貸倒れを見積もり、差額補充法により貸倒引当金を設定する。

4．建物について、定額法により減価償却を行う。耐用年数30年、残存価額ゼロとする。

5．保険料は16か月分であり、4か月分が前払いである。

答案用紙

損 益 計 算 書
×8年4月1日から×9年3月31日

費　　　用	金　　　額	収　　　益	金　　　額
(　　　　　)	(　　　　　)	売　上　高	(　　　　　)
給　　　料	(　　　　　)		
旅 費 交 通 費	(　　　　　)		
貸倒引当金繰入	(　　　　　)		
減 価 償 却 費	(　　　　　)		
水 道 光 熱 費	(　　　　　)		
通　信　費	(　　　　　)		
保　険　料	(　　　　　)		
(　　　　　)	(　　　　　)		
	(　　　　　)		(　　　　　)

貸 借 対 照 表
×9年3月31日

資　　　産	金　　　額	負債及び純資産	金　　　額
現　　　金	(　　　　　)	買　掛　金	(　　　　　)
普 通 預 金	(　　　　　)	資　本　金	(　　　　　)
売　掛　金 (　　)		(　　　　　)	(　　　　　)
(　　　　) (　　)	(　　　　　)		
(　　　　)	(　　　　　)		
(　　　　)	(　　　　　)		
建　　　物 (　　)			
減価償却累計額 (　　)	(　　　　　)		
	(　　　　　)		(　　　　　)

トレーニング　基礎編の問題59〜62も解いておこう！

利益がわかるのが、年に1回では心もとないから

月次決算

第11章

月次決算とは？

　　毎月の経営成績や財務状況を明らかにするための手続きを**月次決算**といいます。

毎月の経営成績や財務状況がわかるんだ！

　　年に1回の決算では、決算日にしか利益の額はわかりません。これでは、期中に損失を計上しても決算までわからず、対応が遅れて倒産、などということにもなりかねません。
　　そこで、毎月、簡易な決算を行います。

前月との比較や、前年同月との比較もできるようになります。

　　3級では、減価償却見積額を決算月以外の月末に計上する処理に限定して出題されます。

決算において、月次決算で計上してきた見積額の合計と、年間確定額との差額を調整します。

基本問題㉜　月次決算

解答…P326

次の減価償却に関する仕訳をしなさい。なお、当社の減価償却は間接法でおこなっており、当期の決算日は×2年3月31日である。

1．備品について、2月分の減価償却費14,700円を計上した。
2．備品の減価償却については、概算額で毎月14,700円を4月から2月までの月次決算で計上しているが、減価償却費の年間確定額179,200円との差額を、決算月で計上する。

答案用紙

	借方科目	金額	貸方科目	金額
1.				
2.				

トレーニング　基礎編の問題63も解いておこう！

コラム　ネット試験対策

　ネット試験の受験に際しての注意点を記しておきましょう。

　まず、ネット試験の会場は、ビルの一室になっていることもあり、わかりにくい場所にあることを認識しておきましょう。

　ですから、時間に余裕をもって会場入りしてください。会場に着いてしまえば身分証を見せるぐらいであとは担当の方の指示に従えばいいだけです。

　ネット試験では、ボールペンが１本とＡ４の下書用紙が２枚渡されます。下書用紙は、足りなくなると追加でもらえるので、不足することは考えなくていいのですが、ボールペンの先が曲がっていたりすると交換にも時間がかかり、被害甚大です。試験を始める前に必ず書き心地をチェックしておきましょう。

　次に、自分の席に着いてからです。試験は各自のタイミングで始められますので、まずは、モニター、キーボード、下書用紙、そして電卓の位置のレイアウトを、自分が使いやすいように固めましょう。

　私の場合、電卓は右打ちなのでキーボードをやや左に動かしてテンキーを自分の正面ぐらいにして下書用紙をその右に横にしておき、その右半分に電卓が来るようにセッティングしました。
(注)デスクトップパソコンではなく、ノートパソコンの場合もあります。

　試験を始めてからレイアウトを動かすのでは、随分と時間のロスになるばかりか、精神的なイライラにもつながります。

　「試験開始」のボタンを押す前のひと勝負！大事にしてくださいね。

帳　　簿

　帳簿の種類は数多くありますが、知っておくべきことをまとめると次のとおりです。
① どの会社も欠くことができない「主要簿」は『仕訳帳』と『総勘定元帳』だけ
② 仕訳帳の『元丁』欄には数字の行き先を、総勘定元帳の『仕丁』欄には、その数字がどこから来たかを記入する
③ 試験で記帳が要求されるのは『商品有高帳』と『小口現金出納帳』の2つくらいで、他の帳簿は記入面から仕訳がわかればよい
④ 商品有高帳の、期中(月中)の払出欄の合計が売上原価、締切りには残高欄の金額を払出欄に記入して貸借を合わせる
⑤ 売掛金勘定の明細が得意先(売掛金)元帳、買掛金勘定の明細が仕入先(買掛金)元帳
　まぁ、ここは気楽に始めましょう。

ひととおり学習した後に、もう一度このページを見直してください。

すべての帳簿を一覧すると、次のようになります。

第12章 会社の帳簿

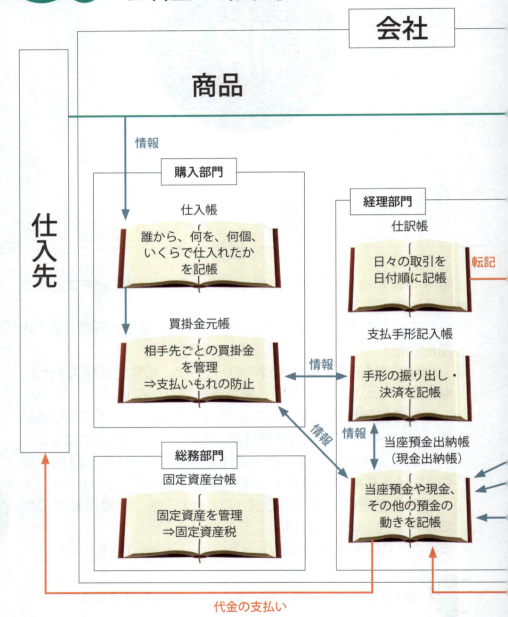

日常の取引の動きをまとめると次のようになります。
それぞれの動きを確認しておきましょう。

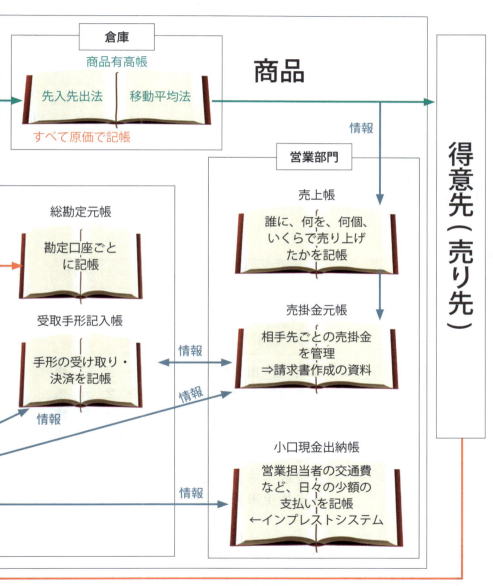

仕訳帳と総勘定元帳がメイン(主要)です

主要簿の記帳

主要簿と補助簿

　帳簿は、**主要簿**と**補助簿**の2種類に大きく分けることができます。

　主要簿は、会社が行ったすべての取引が記帳され、必ず作成しなければならない帳簿で、**仕訳帳**と**総勘定元帳**があります。

　補助簿は、特定の取引や勘定について、明細を記録するための帳簿で、**補助記入帳**と**補助元帳**があります。

補助簿は、主要簿を補うものであり、必要に応じて作成されるものです。

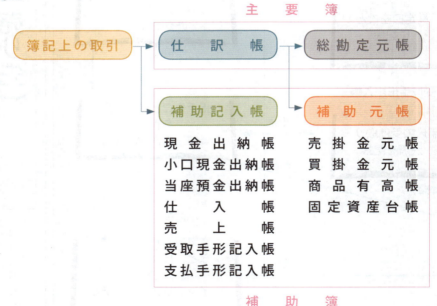

売掛金元帳を「得意先元帳」、買掛金元帳を「仕入先元帳」ということもあります。

Point ▶

主要簿
　仕　訳　帳 … 取引を発生順に記録するための帳簿
　総勘定元帳 … すべての勘定口座を集めた帳簿
補助簿
　補助記入帳 … 特定の取引の明細を記録するための帳簿
　補 助 元 帳 … 特定の勘定の明細を記録するための帳簿

主要簿の記帳

簿記上の取引があると、仕訳帳に仕訳を記入し、総勘定元帳に勘定口座ごとに転記します。

仕訳帳の形式

簿記上の取引を仕訳帳に記入してみましょう。

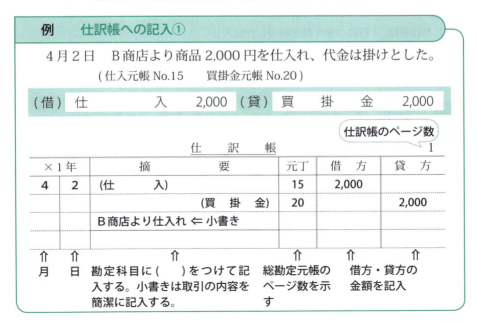

例　仕訳帳への記入①

4月2日　B商店より商品2,000円を仕入れ、代金は掛けとした。
（仕入元帳 No.15　　買掛金元帳 No.20）

（借）仕　　　　入　 2,000　（貸）買　掛　金　 2,000

例　仕訳帳への記入②

4月11日　C商店に商品2,500円を売り上げ、代金のうち1,000円は現金で受け取り、残額は掛けとした。
(現金元帳 No. 1　売掛金元帳 No. 4　売上元帳 No.16)

(借)	現　　　　金	1,000	(貸)	売　　　　上	2,500
	売　掛　金	1,500*			

＊　2,500円－1,000円＝1,500円

仕　訳　帳　　　　　1

×1年		摘　　　　要	元丁	借　方	貸　方
4	2	(仕　　　入)	15	2,000	
		(買　掛　金)	20		2,000
		B商店より仕入れ			
	11	諸　　口　　(売　　　　上)	16		2,500
		(現　　　　金)	1	1,000	
		(売　掛　金)	4	1,500	
		C商店へ売り上げ			

⇧　　　　　　　⇧
同じ月は省略　1行につき1勘定科目しか記入しません。「諸口」は勘定科目ではないので(　)は付けません。

諸口は「諸々の勘定口座」を略したもので、勘定科目が2つ以上になるときに、その上に記入します。

仕訳帳と総勘定元帳

「**仕訳帳**」と「**総勘定元帳**」のつながりをみてみましょう。

仕　訳　帳　　　　　　　　　　　①

×1年		摘　　　　要	元丁	借　方	貸　方
4	2	(仕　　　　入)	⑮	2,000	
		（買　掛　金）	⑳		2,000
		B商店より仕入れ			

総　勘　定　元　帳

仕　　　　入

×1年	摘　　　要	仕丁	借　方	×1年	摘　　　要	仕丁	貸　方
4　2	買　掛　金	①	2,000				

↑
相手勘定科目

買　掛　金

×1年	摘　　　要	仕丁	借　方	×1年	摘　　要	仕丁	貸　方
				4　2	仕　　　入	①	2,000

↑
仕訳帳のページ数

　　日付、相手勘定科目、金額の総勘定元帳への記入方法は、⑥**勘定口座への記入**で学んだものと同じになります。

261

総勘定元帳の勘定口座は、下記のように簡略化できます。

	仕	入				15
×1年	摘 要	仕丁	借 方	×1年	摘 要 仕丁	貸 方
4 2	買 掛 金	1	2,000			

簡略化

	仕 入	
4/2	買 掛 金	2,000
日付	相手勘定科目	金額

	買	掛	金			20
×1年	摘 要	仕丁	借 方	×1年	摘 要 仕丁	貸 方
				4 2	仕 入 1	2,000

簡略化

	買 掛 金	
	4/2 仕 入	2,000
	日付 相手勘定科目	金額

簡略化した勘定口座は「Tフォーム」とよばれます。

基本問題㉝ 仕訳帳と総勘定元帳

解答…P326

下記の仕訳帳の記入にもとづいて、各勘定口座へ転記しなさい。

仕　訳　帳　　　　　　　　1

×6年		摘　　　　要	元丁	借　方	貸　方
7	5	(仕　　入)	15	80,000	
		(買　掛　金)	20		80,000
		青森商店より仕入れ			
	19	諸　　口　　(売　　上)	16		150,000
		(現　　金)	1	50,000	
		(売　掛　金)	4	100,000	
		宮城商店へ売り上げ			

答案用紙

総　勘　定　元　帳

現　金　　　　　　　　1

×6年	摘　要	仕丁	借　方	×6年	摘　要	仕丁	貸　方

売　掛　金　　　　　　　　4

×6年	摘　要	仕丁	借　方	×6年	摘　要	仕丁	貸　方

仕　入　　　　　　　　15

×6年	摘　要	仕丁	借　方	×6年	摘　要	仕丁	貸　方

売　上　　　　　　　　16

×6年	摘　要	仕丁	借　方	×6年	摘　要	仕丁	貸　方

買　掛　金　　　　　　　　20

×6年	摘　要	仕丁	借　方	×6年	摘　要	仕丁	貸　方

トレーニング　基礎編の問題64も解いておこう！

お金の管理はしっかりと
現金・預金に関する帳簿

現金出納帳

現金出納帳は、現金の収入・支出に関する明細を記入する補助記入帳です。

例　現金出納帳への記入

4月1日　前月繰越　5,000円
　2日　C商店に商品3,000円を売り上げ、代金はC商店振出しの小切手を受け取った。
　10日　B商店に対する買掛金1,000円を現金で支払った。

4月2日

(借) 現　　　　金　3,000　(貸) 売　　　　上　3,000

4月10日

(借) 買　　掛　　金　1,000　(貸) 現　　　　金　1,000

現　金　出　納　帳　　　　　　1

×1年		摘　　　　要	収　入	支　出	残　高
4	1	前月繰越	5,000		5,000
	2	C商店に売り上げ	3,000		8,000
	10	B商店に対する買掛金の支払い		1,000	7,000

⇧　　　　　　　　　　　　　　　　　　　⇧
取引の内容を簡潔に記入　　　　　　常に残高を明示

264

当座預金出納帳

当座預金出納帳は、当座預金の預け入れ・引出しに関する明細を記入する補助記入帳です。

例　当座預金出納帳への記入

当社は、借越限度額 5,000 円の当座借越契約を結んでいる。

　4 月 1 日　前月繰越　1,000 円 (借方残高)
　　 12 日　　B 商店より商品 4,000 円を仕入れ、代金は小切手を振り出して支払った。
　　 18 日　　C 商店に対する売掛金 3,500 円が当座預金口座に振り込まれた。

4 月 12 日

| (借) | 仕 入 | 4,000 | (貸) | 当 座 預 金 | 4,000 |

4 月 18 日

| (借) | 当 座 預 金 | 3,500 | (貸) | 売 掛 金 | 3,500 |

残高の貸借を示す ⇩

当座預金出納帳　　　　　　　　　　　　1

×1年		摘　　　　要	預　入	引　出	借/貸	残　高
4	1	前月繰越	1,000		借	1,000
	12	B 商店より仕入れ		4,000	貸	3,000
	18	C 商店に対する売掛金の回収	3,500		借	500

⇧
「貸」は当座預金の
マイナス残高を示す

小口現金出納帳

　経理担当とは別に、営業部門など、日々の少額の支払いを要する部署内に**小口現金係(用度係)**を置き、日々の少額の支払いをしてもらうことがあります。

　経理担当は、一定期間(通常、1週間または1か月)における支払予定額(一定額)をあらかじめ決めておき、小口現金係に前もってお金を渡しておきます。

本試験では、小切手を振り出して、用度係に渡すことが多くあります。

　経理担当は、一定期間後に、小口現金係から支払いの報告を受け、その後、経理担当は支払報告を受けた金額と同額のお金を小口現金係に渡します。
　この仕組みを**定額資金前渡制(インプレスト・システム)**といいます。また、小口現金係に渡すお金を**小口現金**といい、小口現金係は、**小口現金出納帳**に支払いの明細を記入します。

> **Point ▶** 小口現金 ⇒ 資産 ⇒ 増えたら借方、減ったら貸方に記入

小口現金の仕訳

　小口現金の仕訳は、次の3つがあります。
　①小口現金係にお金を渡したとき
　②小口現金係から支払報告を受けたとき
　③小口現金係に支払額と同額のお金を渡したとき

小口現金係が「支払い」をしたときには、仕訳をしないので注意しましょう。

取引 ①小口現金係にお金を渡したとき

6月1日　小口現金係に1週間分の小口現金として、小切手3,000円を振り出して渡した。

⇒ 「小口現金(資産)の増加」　／「当座預金(資産)の減少」

| (借) | 小 口 現 金 | 3,000 | (貸) | 当 座 預 金 | 3,000 |

取引 ②小口現金係から支払報告を受けたとき

6月5日　小口現金係から、次のとおり1週間分の支払報告を受けた。
6/2　電車代600円、6/3　切手代500円、6/4　文房具代400円
6/5　茶菓代800円

⇒ 「旅費交通費(費用)の増加」　／「小口現金(資産)の減少」
　「通信費(費用)の増加」
　「消耗品費(費用)の増加」
　「雑費(費用)の増加」

(借)	旅 費 交 通 費	600	(貸)	小 口 現 金	2,300
	通 信 費	500			
	消 耗 品 費	400			
	雑 費	800			

「雑費」は少額で、他と明確に区別する必要がないときに用いる勘定科目です。「雑損」とは異なるので注意しましょう。

| 取　引 | ③小口現金係に支払額と同額のお金を渡したとき |

6月8日　小口現金係に支払額と同額の小切手2,300円を振り出して渡した。

⇒「小口現金（資産）の増加」　／　「当座預金（資産）の減少」

| （借） | 小　口　現　金 | 2,300 | （貸） | 当　座　預　金 | 2,300 |

小口現金出納帳の形式

①～③上記の取引に関する小口現金出納帳の記入方法をみてみましょう。

取引内容を簡潔に記入 ⇓　　内容に応じて費目別に記入 ⇓

小口現金出納帳

受　入	×1年		摘　　要	支　払	内　　　　訳			
					交通費	通信費	消耗品費	雑　費
3,000 ①	6	1	小 切 手					
		2	電 車 代	600	→ 600			
		3	切 手 代	③ 500		→ 500 ②		
		4	文房具代	400			→ 400	
		5	茶 菓 代	800				→ 800
			合　　計	2,300	600	500	400	800
		5	次週繰越	700	③			
3,000			⑤	3,000				
→ 700	6	8	前週繰越	④				
2,300 ⑥		〃	小 切 手					

①小口現金として受け入れた金額 3,000 円を記入します。

②支払額を取引の内容に応じて、費目別に記入します。

③「支払額の合計」と「費目別に集計した額の合計」は一致 (2,300 円) します。

④次週繰越 700 円 (＝ 3,000 円－ 2,300 円) を前週繰越 700 円として記入します。

⑤受入欄の合計と支払欄の合計は一致 (3,000 円) します。

⑥定額資金の 3,000 円とするために小口現金として受け入れた金額 2,300 円 (支払額と同額) を記入します。

小口現金の仕訳は、②**小口現金係から支払報告を受けたとき**と③**小口現金係に支払額と同額のお金を渡したとき**を同時に行う場合があります。

取 引 小口現金係から支払報告を受け、支払額と同額のお金を渡したとき

6月5日　小口現金係から、次のとおり1週間分の支払報告を受け、支払額と同額の小切手を振り出して渡した。
6/2　電車代600円、6/3　切手代500円、6/4　文房具代400円
6/5　茶菓代800円

（借）	旅 費 交 通 費	600	（貸）	当 座 預 金	2,300
	通　　信　　費	500			
	消 耗 品 費	400			
	雑　　　　　費	800			

---

②と③の仕訳を同時に行うため、「小口現金」は省略します。

小口現金係から支払報告を受け、支払額と同額のお金を渡したときは、報告と同時に補給が行われるため、小口現金出納帳の記入方法が異なります。

小口現金出納帳

受　入	×1年		摘　　要	支　払	内　　　訳			
					交通費	通信費	消耗品費	雑　費
3,000 ①	6	1	小 切 手					
		2	電 車 代	600	600			
		3	切 手 代	③ 500		500	②	
		4	文房具代	400			400	
		5	茶 菓 代	800				800
			合　　計	2,300	600	500	400	800
2,300 ④		5	小 切 手		③			
		〃	次週繰越	3,000				
5,300				5,300	⑤			
			⑥					
3,000	6	8	前週繰越					

① 小口現金として受け入れた金額 3,000 円を記入します。
② 支払額を取引の内容に応じて、費目別に記入します。
③ 「支払額の合計」と「費目別に集計した額の合計」は一致 (2,300 円) します。
④ 小口現金として受け入れた金額 2,300 円 (支払額と同額) を記入します。
⑤ 次週繰越 3,000 円を前週繰越 3,000 円として記入します。
⑥ 受入欄の合計と支払欄の合計は一致 (5,300 円) します。

基本問題㉞　小口現金出納帳

解答…P327

(1) 次の小口現金出納帳の記入（1週間ごとに締切り）にもとづいて、8月1日、5日、8日に行われる仕訳を示しなさい。

小口現金出納帳

受　入	×3年		摘　　要	支　払	内　　　　訳			
					旅費交通費	通信費	消耗品費	雑　費
20,000	8	1	小 切 手					
		2	切 手 代	2,000		2,000		
		3	文 房 具 代	1,500			1,500	
		4	茶 菓 代	3,000				3,000
		5	電 車 代	5,000	5,000			
			合　　計	11,500	5,000	2,000	1,500	3,000
		5	次週繰越	8,500				
20,000				20,000				
8,500	8	8	前週繰越					
11,500		〃	小 切 手					

(2) 次の仕訳にもとづいて、小口現金出納帳を完成させなさい。

	借方科目	金額	貸方科目	金額
8月1日	小 口 現 金	20,000	当 座 預 金	20,000
8月5日	通 信 費	2,000	当 座 預 金	11,500
	消 耗 品 費	1,500		
	雑 費	3,000		
	旅 費 交 通 費	5,000		

答案用紙

(1)

	借方科目	金額	貸方科目	金額
8月1日				
8月5日				
8月8日				

(2)

小口現金出納帳

受　入	×3年		摘　　要	支　払	内　　　　訳			
					交通費	通信費	消耗品費	雑　費
	8	1	小 切 手					
		2	切 手 代					
		3	文 房 具 代					
		4	茶 菓 代					
		5	電 車 代					
			合　　計					
		5	小 切 手					
		〃	次週繰越					
	8	8	前週繰越					

トレーニング　基礎編の問題 65～66 も解いておこう！

在庫管理はしっかりと

商品に関する帳簿

第12章

仕入帳

仕入帳は仕入れに関する取引の明細を記録する補助記入帳です。

例　仕入帳への記入

6月3日　山梨商店からA商品20個（@15円）とB商品10個（@10円）を仕入れ、代金は掛けとした。
　18日　岐阜商店からA商品15個（@16円）を仕入れ、代金は現金で支払った。
　19日　3日に仕入れたB商品1個を返品し掛代金から差し引いた。
　30日　月末となり、帳簿の締切りを行った。

仕　入　帳

×1年		摘　　　　要		内訳	金額
6	3	山梨商店	掛		
		A商品　20個　@15円		300	
		B商品　10個　@10円		100	400
	18	岐阜商店	現金		
		A商品　15個　@16円			240
	19	山梨商店	掛返品		
		B商品　1個　@10円			10
	30	総仕入高		①	640
	〃	仕入戻し高		②	10
		純仕入高		③	630

⇧
仕入先名、代金の支払方法、
商品名、数量、単価を記入

⇧
商品の種類ごと
の金額を記入

①総 仕 入 高：仕入れの総額640円を記入
②仕入戻し高：返品額10円を記入
③純 仕 入 高：総仕入高から仕入戻し高を差し引いた金額を記入

返品の処理は「仕入」という行為の逆の行為となるため、本来、赤字で記入し、総仕入高から差し引くことになります。

　ただし、本試験では黒字での記入となります。

売上帳

　売上帳（うりあげちょう）は、売上げに関する取引の明細を記録する補助記入帳です。記入方法は仕入帳と同様です。

例　売上帳への記入

6月10日　静岡商店にA商品10個（@30円）とB商品5個（@25円）を売り上げ、代金は掛けとした。

　12日　10日に売り上げたB商品1個が返品され、掛代金から差し引いた。

　28日　愛知商店にA商品15個（@40円）を売り上げ、代金は現金で受け取った。

　30日　月末となり、帳簿の締切りを行った。

売　上　帳

×1年		摘　　　　要		内　訳	金　額
6	10	静岡商店	掛		
		A商品　10個　@30円		300	
		B商品　5個　@25円		125	425
	12	静岡商店	掛返品		
		B商品　1個　@25円			25
	28	愛知商店	現金		
		A商品　15個　@40円			600
	30		総売上高	①	1,025
	〃		売上戻り高	②	25
			純売上高	③	1,000

275

商品有高帳

　　商品有高帳は、商品に関する明細を記入する補助元帳です。
　　商品の種類ごとに、数量・単価・金額を記入し、帳簿上で在庫管理を行うことができます。

商品有高帳の単価・金額は、すべて原価で記入します。

商品有高帳の記入

　　商品有高帳の記入は、商品の払出単価の決定方法により異なります。ここでは、先入先出法と移動平均法について学習します。

「払出単価」は、売り上げた商品の1個あたりの原価のことです。

　　先入先出法は、**先に仕入れたものから順に払い出す**と仮定して、払出単価を決める方法です。
　　移動平均法は、商品を仕入れるたびに、平均単価を計算して、それを払出単価とする方法です。
　　例えば、9月1日、3日に仕入れた商品の平均単価を計算する場合、次のようになります。

	数　量	単　価	金　額
9/1	5個	@10円	50円
9/3	20個	@15円	300円

平均単価： $\dfrac{50円 + 300円}{5個 + 20個}$ = @14円

Point ▶
　先入先出法 … 先に仕入れたものから順に払い出すと仮定して、払出単価を決める方法
　移動平均法 … 商品を仕入れるたびに、平均単価を計算して、それを払出単価とする方法

例　商品有高帳への記入（先入先出法）

次の9月におけるC商品に関する資料にもとづいて、商品有高帳に記入しなさい。なお、商品の払出単価の決定方法として先入先出法を用いること。

9月 1日　前月繰越　5個　@10円
　　 3日　仕　　入　20個　@15円
　　10日　売　　上　10個　@30円
　　30日　月末となり、帳簿の締切りを行った。

商　品　有　高　帳
C　商　品

×1年		摘　要	受　入			払　出			残　高		
			数量	単価	金額	数量	単価	金額	数量	単価	金額
9	1	前月繰越	5	10	50				5	10	50
	3	仕　入	20	15	300				5	10	50
									20	15	300
	10	売　上				5	10	50			
						5	15	75	15	15	225
	30	次月繰越				15	15	225			
			25		350	25		350			
10	1	前月繰越	15	15	225				15	15	225

①前月繰越分を「受入欄」、「残高欄」に記入します。
②先入先出法のため、単価が異なる場合は、行を分けて記入します。
③次月繰越分を「払出欄」に記入し、翌月に繰り越すため、①と同様に前月繰越分として記入します。

10日の売上10個分の払出単価は、前月繰越分の5個（@10円）と
3日仕入分の5個（@15円）になります。

例　商品有高帳への記入（移動平均法）

次の9月におけるC商品に関する資料にもとづいて、商品有高帳に記入しなさい。なお、商品の払出単価の決定方法として移動平均法を用いること。

9月　1日　前月繰越　5個　@10円
　　 3日　仕　入　20個　@15円
　　10日　売　上　10個　@30円
　　30日　月末となり、帳簿の締切りを行った。

商　品　有　高　帳
C　商　品

×1年		摘要	受入			払出			残高		
			数量	単価	金額	数量	単価	金額	数量	単価	金額
9	1	前月繰越	5	10	50				5	10	50
	3	仕　入	20	15	300				25	14*	350
	10	売　上				10	14	140	15	14	210
	30	次月繰越				15	14	210			
			25		350	25		350			
10	1	前月繰越	15	14	210				15	14	210

＊　平均単価：$\dfrac{50 円 + 300 円}{5 個 + 20 個} = $ @14円　　前月繰越分と3日仕入分の平均単価になります。

①前月繰越分を「受入欄」、「残高欄」に記入します。
②移動平均法のため、平均単価を計算して記入します。
③次月繰越分を「払出欄」に記入し、翌月1日の日付で、①と同様に記入します。

移動平均法では、必ず1日につき1行しか使いません。

返品の処理

返品の商品有高帳への記入は、次のようになります。

> 仕入戻し…商品を返す(払い出す)ので、「払出欄」に記入します。
> 売上戻り…商品を返される(受け入れる)ので、「受入欄」に原価で記入します。

例　商品有高帳への記入(売上戻り)

次の9月におけるC商品に関する資料にもとづいて、商品有高帳に記入しなさい。商品の払出単価の決定方法として移動平均法を用いること。なお、商品有高帳は締め切らなくて良い。

9月 1日　前月繰越　10個 @15円
　 3日　仕　　　入　20個 @12円
　10日　売　　　上　15個 @20円
　15日　仕　　　入　15個 @11円
　22日　売　　　上　25個 @18円
　24日　売上戻り　　3個 (22日に売り上げた商品)

商品有高帳
C 商 品

×1年		摘要	受入			払出			残高		
			数量	単価	金額	数量	単価	金額	数量	単価	金額
9	1	前月繰越	10	15	150				10	15	150
	3	仕　　入	20	12	240				30	13	390
	10	売　　上				15	13	195	15	13	195
	15	仕　　入	15	11	165				30	12	360
	22	売　　上				25	12	300	5	12	60
	24	売上戻り	3	12	36				8	12	96

売上戻りがあった場合、「その商品を売り上げたときの原価」で受入欄に記入します。同様に、仕入戻しがあった場合、「その商品を仕入れたときの原価」で払出欄に記入します。

基本問題㉟　仕入帳と売上帳

解答…P328

次の取引にもとづいて、仕入帳および売上帳に記入しなさい。なお、月末の締切りまで行うこと。

1月10日　京都商店から下記の商品を仕入れ、代金は掛けとした。

A商品　700個　@300円　210,000円

14日　滋賀商店に下記の商品を売り上げ、代金は掛けとした。

A商品　500個　@500円　250,000円

23日　10日に仕入れた商品のうち、50個が不良品であったため、返品し、代金は掛代金から差し引いた。

27日　14日に売り上げた商品のうち、10個が不良品であったため、返品され、代金は掛け代金から差し引いた。

答案用紙

仕　入　帳

×1年		摘　　　　要		内　訳	金　額
1	10	京都商店	掛		
		A商品　（　）個　@（　）円			（　　　）
	23	京都商店	掛返品		
		A商品　（　）個　@（　）円			（　　　）
	31		（　　　）		（　　　）
	〃		（　　　）		（　　　）
			（　　　）		（　　　）

売　上　帳

×1年		摘　　　　要		内　訳	金　額
1	14	滋賀商店	掛		
		A商品　（　）個　@（　）円			（　　　）
	27	滋賀商店	掛返品		
		A商品　（　）個　@（　）円			（　　　）
	31		（　　　）		（　　　）
	〃		（　　　）		（　　　）
			（　　　）		（　　　）

基本問題㊱　商品有高帳

解答…P329

次の5月におけるB商品に関する資料にもとづいて、商品有高帳に記入しなさい。なお、商品の払出単価の決定方法として移動平均法を用いること。

5月　5日　仕　　入　20個　@225円
　　15日　売　　上　35個　@300円
　　20日　仕　　入　45個　@230円
　　22日　仕入戻し　20日に仕入れた商品のうち10個返品
　　30日　売　　上　30個　@310円

答案用紙

商　品　有　高　帳
B　商　品

×1年		摘　要	受　入			払　出			残　高		
			数量	単価	金額	数量	単価	金額	数量	単価	金額
5	1	前月繰越	30	200	6,000				30	200	6,000
	5	仕　　入									
	15	売　　上									
	20	仕　　入									
	22	仕入戻し									
	30	売　　上									
	31	次月繰越									
6	1	前月繰越									

トレーニング　基礎編の問題67も解いておこう！

受取り・支払いを忘れないように

45 第12章 債権・債務に関する帳簿

売掛金元帳

売掛金元帳（得意先元帳） は、得意先別に、売掛金に関する明細を記入する補助元帳です。

得意先ごとに債権の残高を明確にしておかないと、請求書が作成できません。

例　売掛金元帳への記入

得意先三重商店および岐阜商店との9月における取引にもとづき、売掛金元帳に記入しなさい。

9月 1日　売掛金の前月繰越　1,000円（三重商店）
　　 2日　売掛金500円を三重商店振出しの小切手で回収した。
　　10日　商品1,500円を岐阜商店へ売り上げ、代金は掛けとした。
　　17日　10日に売り上げた商品の一部に品違いがあったため、300円の返品を受け、掛代金から差し引いた。
　　30日　月末となり、帳簿の締切りを行った。

9月2日

| (借) | 現　　　　金 | 500 | (貸) | 売　　掛　　金 | 500 |

9月10日

| (借) | 売　　掛　　金 | 1,500 | (貸) | 売　　　　上 | 1,500 |

9月17日

| (借) | 売　　　　上 | 300 | (貸) | 売　　掛　　金 | 300 |

売　掛　金　元　帳
三　重　商　店

×1年		摘　　要	借　方	貸　方	借/貸	残　高
9	1	前 月 繰 越	1,000		借	1,000
	2	入　　金		500	〃	500
	30	次 月 繰 越		500		①
			1,000	1,000		
10	1	前 月 繰 越	500		借	500

岐　阜　商　店

×1年		摘　　要	借　方	貸　方	借/貸	残　高
9	10	売　　上	1,500		借	1,500
	17	返　　品		300	〃	1,200
	30	次 月 繰 越		1,200		
			1,500	1,500		
10	1	前 月 繰 越	1,200		借	1,200

①次月繰越分を「貸方欄」に記入し、翌月に繰り越すため、10月1日の「借方欄」、「残高欄」に記入します。

買掛金元帳

買掛金元帳(仕入先元帳)は、仕入先別に、買掛金に関する明細を記入する補助元帳です。

仕入先ごとに債務の残高を明確にしておかないと、仕入先から来た請求書をチェックできなくなります。

売掛金元帳：すべての売掛金元帳の残高を合計すると、総勘定元帳の売掛金勘定の残高に一致する。
買掛金元帳：すべての買掛金元帳の残高を合計すると、総勘定元帳の買掛金勘定の残高に一致する。

例　　買掛金元帳への記入

　仕入先兵庫商店との6月における取引にもとづき、買掛金元帳に記入しなさい。

　6月　1日　買掛金の前月繰越　800円

　　　　8日　商品1,200円を仕入れ、代金は掛けとした。

　　　15日　8日に仕入れた商品の一部に品違いがあったため、商品500円を返品し、掛代金から差し引いた。

　　　25日　買掛金600円を小切手を振り出して支払った。

　　　30日　月末となり、帳簿の締切りを行った。

6月8日

（借）	仕　　　　　入	1,200	（貸）	買　　掛　　金	1,200

6月15日

（借）	買　　掛　　金	500	（貸）	仕　　　　　入	500

6月25日

（借）	買　　掛　　金	600	（貸）	当　座　預　金	600

買　掛　金　元　帳

兵　庫　商　店

×1年		摘　　　要	借　　方	貸　　方	借/貸	残　　高
6	1	前 月 繰 越		800	貸	800
	8	仕　　　入		1,200	〃	2,000
	15	返　　　品	500		〃	1,500
	25	支　　　払	600		〃	900
	30	次 月 繰 越	900		①	
			2,000	2,000		
7	1	前 月 繰 越		900	貸	900

①次月繰越分を「借方欄」に記入し、翌月に繰り越すため、7月1日の「貸方欄」、「残高欄」に記入します。

基本問題㊲　売掛金元帳

解答…P330

当社は、静岡商店と愛知商店を得意先にしており、売掛金元帳を開設している。そこで、次の売掛金元帳の記入をもとにして、答案用紙の売掛金勘定の空欄を埋めなさい。ただし、（　　　）には相手勘定科目を、［　　　］には金額を記入すること。

売　掛　金　元　帳

静　岡　商　店

×1年		摘　要	借　方	貸　方	借/貸	残　高
8	1	前月繰越	389,000		借	389,000
	14	売　上	711,000		〃	1,100,000
	17	返　品		65,000	〃	1,035,000
	25	現金回収		573,000	〃	462,000
	31	次月繰越		462,000		
			1,100,000	1,100,000		

愛　知　商　店

×1年		摘　要	借　方	貸　方	借/貸	残　高
8	1	前月繰越	236,000		借	236,000
	9	売　上	458,000		〃	694,000
	30	約手回収		395,000	〃	299,000
	31	次月繰越		299,000		
			694,000	694,000		

答案用紙

総　勘　定　元　帳

売　掛　金

8/1	前月繰越	［　　　］	8/17	（　　　）	［　　　］
8/9	（　　　）	［　　　］	8/25	（　　　）	［　　　］
8/14	（　　　）	［　　　］	8/30	（　　　）	［　　　］
			8/31	次月繰越	［　　　］
		［　　　］			［　　　］

トレーニング　基礎編の問題68も解いておこう！

受取手形記入帳

受取手形記入帳は、受取手形に関する明細を記入する補助記入帳です。

手形は決済日までの期間が長いため、しっかり管理する必要があります。

例　受取手形記入帳への記入

次の取引にもとづき、受取手形記入帳に記入しなさい。

4月 1日　奈良商店に商品 200 円を売り上げ、代金は奈良商店振出しの約束手形を受け取った。
（手形 No.22　満期日 6月 30 日　支払場所 A 銀行）

6月 1日　大阪商店に対する売掛金 100 円の回収として、大阪商店振出しの約束手形を受け取った。
（手形 No.41　満期日 8月 31 日　支払場所 B 銀行）

6月 30 日　4月 1日に受け取った奈良商店振出しの約束手形の満期日が到来し、当座預金口座に振り込まれた。

4月1日

| （借） | 受 取 手 形 | 200 | （貸） | 売　　　　上 | 200 |

6月1日

| （借） | 受 取 手 形 | 100 | （貸） | 売 掛 金 | 100 |

6月30日

| （借） | 当 座 預 金 | 200 | （貸） | 受 取 手 形 | 200 |

受取手形記入帳

×1年		摘要	金額	手形種類	手形番号	支払人	振出人	振出日		支払期日		支払場所	てん末		
													月	日	摘要
4	1	売　上	200	約手	22	奈良商店	奈良商店	4	1	6	30	A銀行	6	30	当座預金
6	1	売掛金	100	約手	41	大阪商店	大阪商店	6	1	8	31	B銀行			

発生した手形の詳細を記入　　　手形の消滅要因を記入

支払手形記入帳

支払手形記入帳は、支払手形に関する明細を記入する補助記入帳です。記入方法は受取手形記入帳と同様です。

手形は決済日までの期間が長いため、しっかり管理する必要があります。

例　支払手形記入帳への記入

次の取引にもとづき、支払手形記入帳に記入しなさい。
5月 1日　鳥取商店から商品400円を仕入れ、代金は約束手形を振り出して支払った。
　　　　　（手形No.10　満期日 6月30日　支払場所 C銀行）
5月20日　岡山商店に対する買掛金300円を支払うため、同額の約束手形を振り出した。
　　　　　（手形No.42　満期日 8月31日　支払場所 C銀行）
6月30日　5月1日に振り出した約束手形の満期日が到来し、当座預金口座からの引落しがあった。

5月1日

（借）仕　　　入　400　（貸）支　払　手　形　400

5月20日

（借）買　　掛　　金　300　（貸）支　払　手　形　300

6月30日

（借）支　払　手　形　400　（貸）当　座　預　金　400

支払手形記入帳

×1年		摘要	金額	手形種類	手形番号	受取人	振出人	振出日		支払期日		支払場所	てん末		
													月	日	摘要
5	1	仕入	400	約手	10	鳥取商店	当店	5	1	6	30	C銀行	6	30	当座預金
	20	買掛金	300	約手	42	岡山商店	当店	5	20	8	31	C銀行			

基本問題㊳　受取手形記入帳

解答…P330

次の受取手形記入帳の記入にもとづいて、1月5日、3月31日、4月1日に行われる仕訳をしなさい。

受取手形記入帳

×1年		摘　要	金　額	手形種類	手形番号	支払人	振出人	振出日		支払期日		支払場所	てん末		
													月	日	摘　要
1	5	売　　上	30,000	約手	01	A商店	A商店	1	5	3	31	X銀行	3	31	当座預金
4	1	売掛金	40,000	約手	41	B商店	B商店	4	1	6	30	Y銀行			

答案用紙

	借方科目	金額	貸方科目	金額
1月5日				
3月31日				
4月1日				

基本問題㊴　支払手形記入帳

解答…P330

次の支払手形記入帳の記入にもとづいて、5月1日、7月20日、9月30日に行われる仕訳をしなさい。

支払手形記入帳

×1年		摘　要	金　額	手形種類	手形番号	受取人	振出人	振出日		支払期日		支払場所	てん末		
													月	日	摘　要
5	1	仕　入	20,000	約手	50	P商店	当　店	5	1	9	30	Z銀行	9	30	当座預金
7	20	買掛金	25,000	約手	62	Q商店	当　店	7	20	10	31	Z銀行			

答案用紙

	借方科目	金額	貸方科目	金額
5月1日				
7月20日				
9月30日				

社内の固定資産を一括管理

46 第12章 固定資産台帳

固定資産台帳

固定資産台帳は、会社がもっている固定資産の取得原価や減価償却費等を記録する帳簿です。固定資産の情報を記録することで固定資産を管理することができます。

固定資産台帳に基づいて固定資産税を支払うことになるので、必ず作成しておかなければなりません。

固定資産台帳の形式

固 定 資 産 台 帳　　　×4年3月31日現在

取得年月日	用途	期末数量	耐用年数	期首(期中取得)取得原価	期首減価償却累計額	差引期首(期中取得)帳簿価額	当期減価償却費
備品							
×1年4月1日	備品α	1	5年	2,400,000	960,000	1,440,000	480,000
⇧取得した日	⇧固定資産の種類数量、耐用年数			⇧固定資産の取得原価	⇧期首時点の減価償却累計額	⇧期首時点の帳簿価額	⇧当期の減価償却費

会社がもっている備品の情報が一目瞭然ですね！

固定資産台帳と総勘定元帳の関係

固定資産台帳は、総勘定元帳と組み合わせて出題される可能性が高いので、両者の関係をマスターしておきましょう。

固 定 資 産 台 帳　　×4年3月31日現在

取得年月日	用途	期末数量	耐用年数	期首(期中取得)取得原価	期首減価償却累計額	差引期首(期中取得)帳簿価額	当期減価償却費
備品							
×1年4月1日	備品α	1	5年	2,400,000	960,000	1,440,000	480,000

備　　　品

日	付	摘要	借方	日	付	摘要	貸方
X3	4	1	前期繰越	2,400,000	X4	3	31	次期繰越	2,400,000
			2,400,000				2,400,000

備品の前期繰越2,400,000円－備品減価償却累計額の前期繰越960,000円が当期首の帳簿価額1,440,000円になります。

備品減価償却累計額

日	付	摘要	借方	日	付	摘要	貸方
X4	3	31	次期繰越	1,440,000	X3	4	1	前期繰越	960,000
					X4	3	31	減価償却費	480,000
			1,440,000					1,440,000

備品減価償却累計額の次期繰越は、前期繰越と当期の減価償却費の合計です。

基本問題⑩　固定資産台帳

解答…P331

次の［**資料**］にもとづいて、備品と備品減価償却累計額の総勘定元帳を完成させなさい。定額法にもとづき減価償却が行われており、減価償却費は月割計算によって計上する。なお、当社の決算日は毎年 3 月 31 日である。

［資料］

固 定 資 産 台 帳

×5年3月31日現在

取得年月日	用途	期末数量	耐用年数	期首(期中取得)取得原価	期　首減価償却累　計　額	差引期首(期中取得)帳簿価額	当　　期減価償却費
備品							
×1年 4 月 1 日	備品β	1	8年	800,000	300,000	500,000	100,000
×4年10月1日	備品γ	1	5年	750,000	0	750,000	75,000

答案用紙

備　　　　品

日		付	摘要	借方	日		付	摘要	貸方
X4	4	1	前 期 繰 越	( )	X5	3	31	次 期 繰 越	( )
X4	10	1	当 座 預 金	( )					
				( )					( )

備品減価償却累計額

日		付	摘要	借方	日		付	摘要	貸方
X5	3	31	次 期 繰 越	( )	X4	4	1	前 期 繰 越	( )
					X5	3	31	( )	( )
				( )					( )

291

基本問題㊶　補助簿の選択

解答…P331

次の各取引が、答案用紙に示したどの補助簿に記入されるかを答えなさい。解答にあたっては、該当するすべての補助簿の欄に○印を付し、該当する補助簿が1つもない取引は「該当なし」の欄に○印を付すこと。

1. 販売用の中古車を510,000円で購入し、代金は約束手形を振り出して支払った。なお、当社は中古車販売業を営んでいる。
2. 先日に名古屋商店に売り渡した商品の中に、異なる商品が混入していたため、36,000円分の返品を受け、掛代金から差し引くこととした。
3. 決算にあたり、売掛金の期末残高に対して貸倒引当金2,400円を差額補充法により設定した。なお、決算整理前残高試算表上、貸倒引当金は900円の貸方残高となっている。
4. かねて熊本商会より建物を2,000,000円で購入する契約をしていたが、本日その引き渡しを受けた。この引き渡しにともない、購入代金のうち500,000円は契約時に仮払金勘定で処理していた手付金を充当し、残額は小切手を振り出して支払った。
5. 過日発生した現金過不足7,000円（発生時に現金過不足勘定で処理している）について調査をしたところ、商品を仕入れた際の引取運賃（当社負担）の記帳漏れであることが判明した。

答案用紙

補助簿 取引	現　金 出納帳	当座預金 出納帳	商　品 有高帳	売掛金元帳 (得意先元帳)	買掛金元帳 (仕入先元帳)	仕入帳	売上帳	固定資産 台　帳	該当なし
1.									
2.									
3.									
4.									
5.									

トレーニング　基礎編の問題69～71も解いておこう！

第13章

伝　　票

　伝票には、入金伝票、出金伝票、そして振替伝票と3種類ありますが、結局、1つの仕訳が基本的に1枚の伝票に表されていることに変わりありません。
　ですから、**「伝票を見て仕訳ができる」**逆に**「仕訳を伝票に起こせる」**ことができれば、**基本OK**です。
　ただ、念のため伝票を集計する仕訳日計表(または仕訳週計表)の作成ができるようにしておきましょう。
　さあ、最後です。きっちり締めましょう(帳簿だけに)。

仕訳日計表は、合計試算表の1種ですから、伝票にある仕訳を集計するだけでOKです。

役割を分担して作業できる

伝票会計 第13章 47

仕訳帳の限界

　仕訳帳は、1つのノートに、日付順に仕訳を記入します。そのため、役割を分担して、記帳することはできません。
　日付の順番を気にする必要がなく、役割を分担するいい方法はないでしょうか？

伝票とは？

　仕訳帳の欠点を補うものとして、**伝票**（でんぴょう）があります。
　伝票は、1枚の紙切れに、取引ごとに記入を行うため、日付の順番を気にすることなく、役割を分担することができます。
　伝票を用いる場合、伝票の記入にもとづいて、総勘定元帳に転記することになります。

伝票に取引の記入を行うことを「**起票**（きひょう）」といいます。

仕訳帳に記入する場合

伝票に記入する場合

3伝票制とは？

入金伝票・**出金伝票**・**振替伝票**の**3つの伝票**を用いて、取引を記入する方法を**3伝票制**といいます。

入　金　伝　票	
×1年○月×日	
科　　目	金　　額

出　金　伝　票	
×1年○月×日	
科　　目	金　　額

振　替　伝　票			
×1年○月×日			
借方科目	金　　額	貸方科目	金　　額

Point ▷　入金伝票 … 入金（現金の受入れ）の取引を記入する伝票
　　　　　　出金伝票 … 出金（現金の支払い）の取引を記入する伝票
　　　　　　振替伝票 … 入金・出金以外の取引を記入する伝票

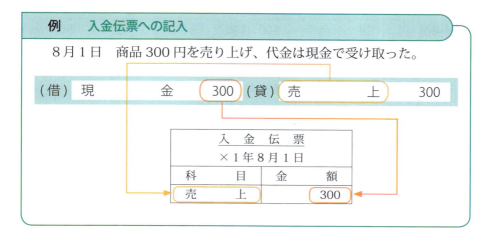

例　入金伝票への記入

8月1日　商品300円を売り上げ、代金は現金で受け取った。

(借) 現　　金　300　(貸) 売　　上　300

入　金　伝　票	
×1年8月1日	
科　　目	金　　額
売　　上	300

「日付」、「相手勘定科目」、「金額」を記入します。
入金伝票は、仕訳の借方が必ず「現金（資産）の増加」になります。

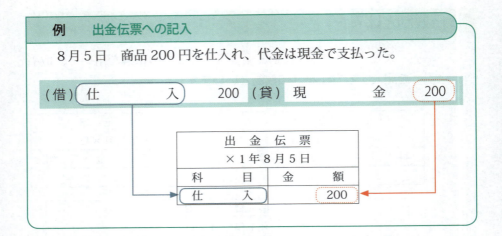

「日付」、「相手勘定科目」、「金額」を記入します。
出金伝票は、仕訳の貸方が必ず「現金（資産）の減少」になります。

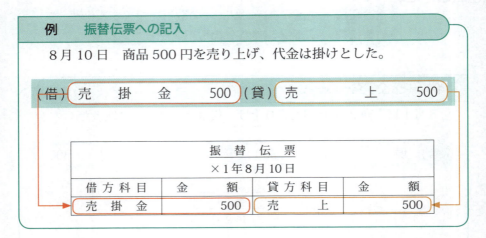

「日付」、「勘定科目」、「金額」を記入します。
仕訳したものを、そのまま記入する形ですね。

入金（または、出金）伝票と振替伝票の両方を起票する場合

　一つの取引が、「**入金（または、出金）取引**」と「**入金（または、出金）以外の取引**」の2つからなる場合があり、この取引を**一部振替取引**といいます。
　一部振替取引の伝票記入の方法には、
　①取引を分解して起票する方法
　②取引を擬制して起票する方法
があります。

擬制とは、本来は異なるものを、同じものとみなすことと考えてください。

例　①取引を分解して起票する方法

8月15日　商品500円を仕入れ、代金のうち200円は現金で支払い、残額は掛けとした。

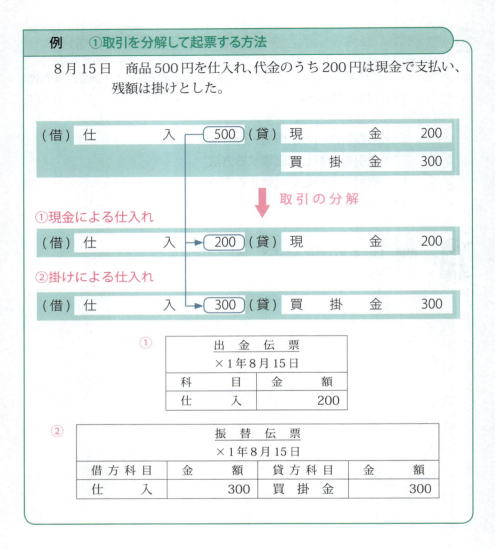

取引を分解することにより、「**現金による仕入れ**」と「**掛けによる仕入れ**」の2つの取引が行われたように処理します。

| 例 | ②取引を擬制して起票する方法 |

8月15日　商品500円を仕入れ、代金のうち200円は現金で支払い、
　　　　残額は掛けとした。

| （借） | 仕　　　　　入 | 500 | （貸） | 現　　　　　金 | 200 |
| | | | | 買　　掛　　金 | 300 |

取引の擬制

①いったん、全額を掛けで仕入れて、

| （借） | 仕　　　　　入 | 500 | （貸） | 買　　掛　　金 | 500 |

②すぐに掛代金の一部を支払ったと考えます。

| （借） | 買　　掛　　金 | 200 | （貸） | 現　　　　　金 | 200 |

①

振　替　伝　票			
×1年8月15日			
借方科目	金　　　額	貸方科目	金　　　額
仕　　　入	500	買　掛　金	500

②

出　金　伝　票	
×1年8月15日	
科　　　目	金　　　額
買　掛　金	200

　　　取引を擬制することにより、「**掛けによる仕入れ**」と「**掛け代
金の支払い**」の2つの取引が行われたように処理します。

仕訳集計表（日計表、週計表）

　　伝票の記入が終わると、その記入内容にもとづいて、総勘定元帳に転記します。伝票ごとに転記することを**個別転記**といいます。
　　しかし、伝票の記入のつど、個別転記するのでは、非常に手間がかかります。
　　そこで、各伝票に記入されている取引を、一定期間（1日、1週間）ごとに**仕訳集計表**を用いて集計し、まとめて総勘定元帳に転記する方法があります。仕訳集計表を用いて転記することを**合計転記**といいます。

1日分または1週間分の伝票を集計して、まとめて転記しようというものです。

例　仕訳日計表の作成

次の×1年5月1日の取引に関して作成された次の各伝票（略式）にもとづいて、仕訳日計表を作成しなさい。
（現金元帳 No.1　売掛金元帳 No.4　買掛金元帳 No.20　売上元帳 No.16　仕入元帳 No.15）

入　金　伝　票	
科　　　目	金　　額
売　　　上	300

出　金　伝　票	
科　　　目	金　　額
仕　　　入	200

入　金　伝　票	
科　　　目	金　　額
売　掛　金	200

出　金　伝　票	
科　　　目	金　　額
買　掛　金	100

振　替　伝　票			
借方科目	金　　額	貸方科目	金　　額
売　掛　金	600	売　　　上	600

振　替　伝　票			
借方科目	金　　額	貸方科目	金　　額
仕　　　入	400	買　掛　金	400

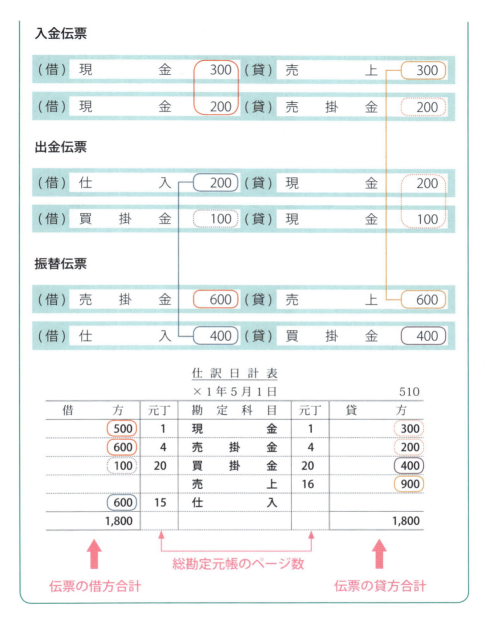

伝票の内容を読み取り、仕訳をして、勘定科目の借方・貸方ごとに集計して記入します。
伝票(略式)とは、伝票の内容を簡単にまとめたものです。

例　仕訳日計表から総勘定元帳への転記

次の仕訳日計表にもとづいて、総勘定元帳（残高式）へ転記しなさい。

仕 訳 日 計 表
×1年5月1日　　　　　　510

借　　方	元丁	勘 定 科 目	元丁	貸　　方
500	1	現　　　　金	1	300
600	4	売　掛　　金	4	200
100	20	買　掛　　金	20	400
		売　　　　上	16	900
600	15	仕　　　　入		
1,800				1,800

総 勘 定 元 帳
現　　金　　　　　　　　　1

×1年	摘　　要	仕丁	借　方	貸　方	借/貸	残　高
5　1	前 月 繰 越	✓	800		借	800
〃	仕訳日計表	510	500		〃	1,300
〃	〃	〃		300	〃	1,000

伝票番号を記入
前月繰越や次月繰越には「✓」

残高を明示する
残高式

		売 掛	金					4
×1年		摘　　要	仕丁	借　方	貸　方	借/貸	残	高
5	1	前月繰越	✓	1,200		借	1,200
	〃	仕訳日計表	510	600		〃	1,800
	〃	〃	〃		200	〃	1,600

		買 掛	金					20
×1年		摘　　要	仕丁	借　方	貸　方	借/貸	残	高
5	1	前月繰越	✓		500	貸	500
	〃	仕訳日計表	510		400	〃	900
	〃	〃	〃	100		〃	800

		売	上					16
×1年		摘　　要	仕丁	借　方	貸　方	借/貸	残	高
5	1	前月繰越	✓		2,500	貸	2,500
	〃	仕訳日計表	510		900	〃	3,400

		仕	入					15
×1年		摘　　要	仕丁	借　方	貸　方	借/貸	残	高
5	1	前月繰越	✓	1,700		借	1,700
	〃	仕訳日計表	510	600		〃	2,300

転記するさい、ホームポジション側から先に記入するといいでしょう。なお、転記不要の場合、仕丁欄には「✓」（チェックマーク）を記入します。

伝票から売掛金元帳（得意先元帳）、買掛金元帳（仕入先元帳）へ転記するときは、各伝票から**個別転記**します。

> **例**　伝票から売掛金元帳、買掛金元帳への転記
>
> 次の×1年5月1日の取引に関して作成された次の各伝票（略式）にもとづいて、売掛金元帳および買掛金元帳へ転記しなさい。

入　金　伝　票		No.11
科　　　目	金　　額	
売　　上	300	

出　金　伝　票		No.21
科　　　目	金　　額	
仕　　入	200	

入　金　伝　票		No.12
科　　　目	金　　額	
売掛金(三重商店)	(200)	

出　金　伝　票		No.22
科　　　目	金　　額	
買掛金(兵庫商店)	(100)	

振　替　伝　票				No.31
借方科目	金　額	貸方科目	金　額	
売掛金(三重商店)	(600)	売　　上	600	

振　替　伝　票				No.32
借方科目	金　額	貸方科目	金　額	
仕　　入	400	買掛金(兵庫商店)	(400)	

売　掛　金　元　帳
三　重　商　店　　　　1

×1年		摘　　要	仕丁	借　方	貸　方	借/貸	残　高
5	1	前月繰越	✓	1,200		借	1,200
	〃	振替伝票	31	(600)		〃	1,800
	〃	入金伝票	12		(200)	〃	1,600

買　掛　金　元　帳
兵　庫　商　店　　　　1

×1年		摘　　要	仕丁	借　方	貸　方	借/貸	残　高
5	1	前月繰越	✓		500	貸	500
	〃	振替伝票	32		(400)	〃	900
	〃	出金伝票	22	(100)		〃	800

伝票名を記入　伝票番号を記入

基本問題㊷ 伝票会計

解答…P332

次の×1年6月1日の取引に関して作成された次の各伝票(略式)にもとづいて、仕訳日計表を作成しなさい。元丁欄への記入は不要である。

入　金　伝　票	
科　　　目	金　　　額
売　　　上	4,000

出　金　伝　票	
科　　　目	金　　　額
仕　　　入	2,000

入　金　伝　票	
科　　　目	金　　　額
売　掛　金	1,500

出　金　伝　票	
科　　　目	金　　　額
買　掛　金	1,000

振　替　伝　票			
借方科目	金　　　額	貸方科目	金　　　額
売　掛　金	8,000	売　　　上	8,000

振　替　伝　票			
借方科目	金　　　額	貸方科目	金　　　額
仕　　　入	5,500	買　掛　金	5,500

答案用紙

仕　訳　日　計　表
×1年6月1日

借　方	元丁	勘　定　科　目	元丁	貸　方
		現　　　金		
		売　掛　金		
		買　掛　金		
		売　　　上		
		仕　　　入		

トレーニング　基礎編の問題72〜74も解いておこう！

コラム 財務分析をできるようになろう

企業が 1 日に 1,000 件の取引をすると、1,000 の仕訳が必要になり、経理担当者がせっせと行う。なんていうのは遠い昔の話で、ＩＴが進展した今では、決算書を作る人の人数は極端に少なくなりました。

一方、決算書を読む人は、銀行はもとより企業から個人の投資家、消費者に至るまで、ひと昔前では考えられないくらい多くなりました。

決算書を作る技術が簿記なら、決算書を読む技術が財務分析です。
この財務分析は、下記のルールを知るだけでカンタンに始められます。
※財務分析は「真実を見る」ためのものですから、すべて「割算」でできています。

ルール：会計用語が 1 つだけの『○○（比）率』は、○○が分子で、その○○が全体とするものが分母となる。

（売上）原価率：売上原価／売上高 ×100(%)
売上に含まれる売上原価の割合を示す。この割合が低いほど商品力が高いとされ、高いほど商品力が低いとされる。ライバル企業に比べて、低い方が良い。

純利益率：当期純利益／売上高 ×100(%)
結果的な利益（当期純利益）の売上に対する割合を示す。高い方が良い。

純資産比率：純資産／資産合計 ×100(%)
資産の中で、返済しなくてよい純資産で賄われている割合を示す。高い方が良い。

財務分析しか知らない人は「純利益率が高い会社の方がいい」と思いがちですが、簿記で決算書の作り方を学んだ人は、純利益の原因が固定資産売却益が高いことであった場合、翌期は続かないと考えるので「実は儲かっていない」ということに気づいたりします。

簿記を学んだ人は、財務分析しか知らない人よりも遥かに、企業の状況を深く理解することができるのです。

基本問題
解 答

問題・答案用紙の下に本シリーズのトレーニングの該当箇所を記載しました。

"もっと解きたい！"と思った方は、併せて解いてくださいね。

基本問題① 利益と資本の関係

問題…P23

(1)
(単位：円)

	当期の収益	当期の費用	当期の利益
A社	242,000	192,000	(50,000)
B社	180,000	(145,000)	35,000
C社	(280,000)	220,000	60,000

A社：242,000 円－ 192,000 円＝ 50,000 円
B社：180,000 円－ 35,000 円＝ 145,000 円
C社：220,000 円＋ 60,000 円＝ 280,000 円

(2)
(単位：円)

	期首の資本	当期の利益	期末の資本
A社	250,000	(50,000)	300,000
B社	(190,000)	35,000	225,000
C社	315,000	60,000	(375,000)

A社：300,000 円－ 250,000 円＝ 50,000 円
B社：225,000 円－ 35,000 円＝ 190,000 円
C社：315,000 円＋ 60,000 円＝ 375,000 円

基本問題② 仕訳のルール

問題…P34

1 日	（借）	現　　　金	180,000	（貸）	借　入　金	180,000
6 日	（借）	貸　付　金	30,000	（貸）	現　　　金	30,000
10 日	（借）	土　　　地	70,000	（貸）	現　　　金	70,000
14 日	（借）	現　　　金	10,000	（貸）	受 取 利 息	10,000
26 日	（借）	支 払 家 賃	50,000	（貸）	現　　　金	65,000
		水道光熱費	15,000			

基本問題③　勘定記入のルール

問題…P39

現　　金

4/ 1 借 入 金 180,000	4/ 6 貸 付 金	30,000
14 受取利息 10,000	10 土　　　地	70,000
	26 諸　　　口	65,000

貸　付　金

4/ 6 現　　金　30,000	

借　入　金

	4/ 1 現　　金 180,000

土　　　地

4/10 現　　金　70,000	

支　払　家　賃

4/26 現　　金　50,000	

水　道　光　熱　費

4/26 現　　金　15,000	

受　取　利　息

	4/14 現　　金　10,000

現金勘定の残高：　__25,000__ 円

180,000 円－ 30,000 円－ 70,000 円＋ 10,000 円－ 65,000 円＝ 25,000 円
　　4/1　　　　4/6　　　　4/10　　　　4/14　　　　4/26

309

基本問題④ 現金の処理
問題…P44

1. （借）現 金 20,000 （貸）受 取 利 息 20,000
2. （借）現 金 5,000 （貸）受 取 手 数 料 5,000

基本問題⑤ 預金の処理
問題…P54

1. （借）定 期 預 金 400,000 （貸）普 通 預 金 400,000
2. （借）普 通 預 金 408,000 （貸）定 期 預 金 400,000
 受 取 利 息 8,000
3. （借）普 通 預 金 300,000 （貸）現 金 300,000
4. （借）水 道 光 熱 費 1,000 （貸）普 通 預 金 1,000

基本問題⑥ 収益と費用の処理
問題…P67

1. （借）普 通 預 金 2,000 （貸）受 取 地 代 2,000
2. （借）給 料 100,000 （貸）現 金 100,000
3. （借）消 耗 品 費 23,000 （貸）未 払 金 23,000

310

基本問題⑦　商品売買の処理

問題…P89

(1)

1．(借) 売　　掛　　金　100,000　(貸) 売　　　　　上　100,000
　　　 発　　送　　費　　5,000　　　 現　　　　　金　　5,000
2．(借) 売　　　　　上　 10,000　(貸) 売　　掛　　金　 10,000
3．(借) 当　座　預　金　 90,000　(貸) 売　　掛　　金　 90,000 *
　＊ 100,000 円－ 10,000 円＝ 90,000 円

(2)

1．(借) 現　　　　　金　 20,000　(貸) 前　　受　　金　 20,000
2．(借) 前　　受　　金　 20,000　(貸) 売　　　　　上　150,000
　　　 売　　掛　　金　130,000 *
　＊ 150,000 円－ 20,000 円＝ 130,000 円

(3)

1．(借) 仕　　　　　入　100,000　(貸) 買　　掛　　金　100,000
2．(借) 買　　掛　　金　 10,000　(貸) 仕　　　　　入　 10,000
3．(借) 買　　掛　　金　 90,000 *　(貸) 当　座　預　金　 90,000
　＊ 100,000 円－ 10,000 円＝ 90,000 円

(4)

1．(借) 前　　払　　金　 20,000　(貸) 現　　　　　金　 20,000
2．(借) 仕　　　　　入　150,000　(貸) 前　　払　　金　 20,000
　　　　　　　　　　　　　　　　　　 買　　掛　　金　130,000 *
　＊ 150,000 円－ 20,000 円＝ 130,000 円

基本問題⑧　クレジット売掛金・受取商品券

問題…P91

1．（借）クレジット売掛金　76,000　（貸）売　　　　　上　80,000
　　　　　支 払 手 数 料　　4,000 *
　＊　80,000 円× 5％＝ 4,000 円
2．（借）当 座 預 金　76,000　（貸）クレジット売掛金　76,000
3．（借）受 取 商 品 券　38,000　（貸）売　　　　　上　38,000
4．（借）現　　　　　金　38,000　（貸）受 取 商 品 券　38,000

基本問題⑨　売上原価の算定

問題…P100

(1) 仕入勘定を用いる方法
　　（借）仕　　　　　入　25,000　（貸）繰 越 商 品　25,000
　　（借）繰 越 商 品　20,000　（貸）仕　　　　　入　20,000

(2) 売上原価勘定を用いる方法
　　（借）売 上 原 価　25,000　（貸）繰 越 商 品　25,000
　　（借）売 上 原 価　75,000　（貸）仕　　　　　入　75,000
　　（借）繰 越 商 品　20,000　（貸）売 上 原 価　20,000

(3) 利益額　<u>20,000</u> 円
　　25,000 円＋ 75,000 円－ 20,000 円＝ 80,000 円（売上原価）
　　100,000 円－ 80,000 円＝ 20,000 円

312

基本問題⑩　受取手形と支払手形

問題…P107

(1)

1．(借) 仕　　　　　入　140,000　(貸) 買　　掛　　金　140,000
2．(借) 買　　掛　　金　140,000　(貸) 支　払　手　形　140,000
3．(借) 支　払　手　形　140,000　(貸) 当　座　預　金　140,000

(2)

1．(借) 売　　掛　　金　190,000　(貸) 売　　　　　上　190,000
2．(借) 受　取　手　形　190,000　(貸) 売　　掛　　金　190,000
3．(借) 当　座　預　金　190,000　(貸) 受　取　手　形　190,000

基本問題⑪　貸付金と借入金

問題…P118

1．(借) 貸　付　金　100,000　(貸) 現　　　　　金　100,000
2．(借) 手 形 貸 付 金　50,000　(貸) 現　　　　　金　50,000
3．(借) 現　　　　　金　13,300　(貸) 手 形 貸 付 金　12,000
　　　　　　　　　　　　　　　　　　　　 受　取　利　息　1,300
4．(借) 現　　　　　金　20,000　(貸) 借　　入　　金　20,000
5．(借) 普　通　預　金　29,000 *　(貸) 手 形 借 入 金　30,000
　　　　 支　払　利　息　1,000

　＊　30,000 円－1,000 円＝29,000 円

6．(借) 現　　　　　金　20,000　(貸) 役 員 借 入 金　20,000
7．(借) 従 業 員 貸 付 金　5,000　(貸) 現　　　　　金　5,000

313

基本問題⑫ 電子記録債権・電子記録債務　　　問題…P122

(1)
1. （借）電 子 記 録 債 権　52,000　（貸）売　掛　　金　52,000
2. （借）当 座 預 金　52,000　（貸）電 子 記 録 債 権　52,000

(2)
1. （借）買　掛　　金　52,000　（貸）電 子 記 録 債 務　52,000
2. （借）電 子 記 録 債 務　52,000　（貸）当 座 預 金　52,000

基本問題⑬ 未収入金と未払金　　　問題…P126

1. （借）現　　　　金　100,000　（貸）未 収 入 金　100,000
2. （借）消 耗 品 費　27,000　（貸）未　払　　金　27,000

基本問題⑭ 固定資産　　　問題…P140

1. （借）減 価 償 却 費　30,000 *　（貸）建物減価償却累計額　30,000

* 900,000 円÷ 30 年＝ 30,000 円

2. （借）建物減価償却累計額　750,000　（貸）建　　　物　900,000
　　　　減 価 償 却 費　15,000 *1
　　　　現　　　　金　85,000
　　　　固定資産売却損　50,000 *2

*1 $900,000 \text{円} \div 30 \text{年} \times \dfrac{6 \text{か月}}{12 \text{か月}} = 15,000 \text{円}$

*2 85,000 円（売却価額）

900,000 円－ 750,000 円－ 15,000 円＝ 135,000 円（帳簿価額）

85,000 円－ 135,000 円＝△ 50,000 円（売却損）

3. （借）建　　　　物　260,000　（貸）未　払　　金　300,000
　　　　修　繕　費　40,000
4. （借）備　　　　品　158,000　（貸）未　払　　金　158,000

314

基本問題⑮　仮払金と仮受金

問題…P148

(1)

1．（借）仮　　払　　金　　70,000　　（貸）現　　　　　金　　70,000
2．（借）旅 費 交 通 費　　60,000＊（貸）仮　　払　　金　　70,000
　　　　　現　　　　　金　　10,000

＊　70,000円－10,000円＝60,000円

(2)

1．（借）現　　　　　金　　25,000　　（貸）仮　　受　　金　　25,000
2．（借）仮　　受　　金　　25,000　　（貸）売　　掛　　金　　25,000

基本問題⑯　立替金・預り金

問題…P154

1．（借）従 業 員 立 替 金　　10,000　　（貸）現　　　　　金　　10,000
2．（借）給　　　　　料　　200,000　　（貸）従 業 員 立 替 金　　10,000
　　　　　　　　　　　　　　　　　　　　　所 得 税 預 り 金　　　5,000
　　　　　　　　　　　　　　　　　　　　　社会保険料預り金　　11,000
　　　　　　　　　　　　　　　　　　　　　現　　　　　金　174,000＊

＊　200,000円－10,000円－5,000円－11,000＝174,000円

3．（借）所 得 税 預 り 金　　　5,000　　（貸）現　　　　　金　　　5,000
4．（借）社会保険料預り金　　11,000　　（貸）現　　　　　金　　22,000
　　　　　法 定 福 利 費　　11,000

315

基本問題⑰　法人税・消費税　　　　　　　問題…P164

(1)

1．（借）仕　　　　　入　　5,000 *　（貸）現　　　　　金　　5,500
　　　　　仮 払 消 費 税　　　500

　　　＊　5,500 円÷ 1.1 ＝ 5,000 円

2．（借）現　　　　　金　　8,800　（貸）売　　　　　上　　8,000 *
　　　　　　　　　　　　　　　　　　　　仮 受 消 費 税　　　800

　　　＊　8,800 円÷ 1.1 ＝ 8,000 円

3．（借）仮 受 消 費 税　　　800　（貸）仮 払 消 費 税　　　500
　　　　　　　　　　　　　　　　　　　　未 払 消 費 税　　　300 *

　　　＊　800 円− 500 円＝ 300 円

(2)

1．（借）仮 払 法 人 税 等　　6,000　（貸）現　　　　　金　　6,000
2．（借）法人税、住民税及び事業税　15,000　（貸）仮 払 法 人 税 等　　6,000
　　　　　　　　　　　　　　　　　　　　未 払 法 人 税 等　　9,000
3．（借）未 払 法 人 税 等　　9,000　（貸）当 座 預 金　　9,000

基本問題⑱　現金過不足の処理　　　　　　問題…P172

(1)

1．（借）現 金 過 不 足　　1,500　（貸）現　　　　　金　　1,500
2．（借）旅 費 交 通 費　　1,500　（貸）現 金 過 不 足　　1,500

(2)

1．（借）雑　　　　　損　　　700　（貸）現 金 過 不 足　　　700
2．（借）現 金 過 不 足　　　400　（貸）雑　　　　　益　　　400

(3)

1．（借）現 金 過 不 足　　2,000　（貸）現　　　　　金　　2,000
2．（借）通　信　費　　4,000　（貸）受 取 手 数 料　　1,500
　　　　　　　　　　　　　　　　　　　　現 金 過 不 足　　2,000
　　　　　　　　　　　　　　　　　　　　雑　　　　　益　　　500

316

基本問題⑲ 試算表の作成

問題…P181

合計残高試算表
×2年4月30日

借 方		勘 定 科 目	貸 方	
残 高	合 計		合 計	残 高
1,280	1,940	現　　金	660	
760	1,400	売 掛 金	640	
800	800	備　　品		
	560	買 掛 金	1,660	1,100
		資 本 金	1,240	1,240
		売　　上	1,400	1,400
900	1,000	仕　　入	100	
3,740	5,700		5,700	3,740

基本問題⑳ 誤処理の訂正

問題…P185

1．（借）受 取 手 形　900　　（貸）売 掛 金　900
2．（借）前 払 金　6,000　　（貸）買 掛 金　6,000

基本問題㉑ 株式会社の設立

問題…P191

1．（借）当 座 預 金 2,100,000　　（貸）資 本 金 2,100,000*
　　* 　@ 70,000 円× 30 株＝ 2,100,000 円

2．（借）差 入 保 証 金　300,000　　（貸）現　　金　400,000*
　　　　支 払 家 賃　100,000
　　* 　300,000 円＋ 100,000 円＝ 400,000 円

基本問題㉒　帳簿の締切り

問題…P196

売　　上

[損　　益]	(50,000)	諸　　口	50,000

受 取 利 息

[損　　益]	(1,000)	現　　金	1,000

仕　　入

諸　　口	10,000	[損　　益]	(10,000)

支 払 家 賃

当 座 預 金	5,000	[損　　益]	(5,000)

損　　益

[仕　　入]	(10,000)	[売　　上]	(50,000)
[支 払 家 賃]	(5,000)	[受 取 利 息]	(1,000)
[繰越利益剰余金]	(36,000)		
	(51,000)		(51,000)

318

基本問題㉓　株主への配当

問題…P202

1. （借）損　　　　　益　2,000,000　（貸）繰越利益剰余金　2,000,000
2. （借）繰越利益剰余金　1,430,000　（貸）未 払 配 当 金　1,300,000
   利 益 準 備 金　　130,000
3. （借）未 払 配 当 金　1,300,000　（貸）普 通 預 金　1,300,000

基本問題㉔　貸倒れの処理と貸倒引当金の設定

問題…P219

1. （借）貸倒引当金繰入　　　500 *　（貸）貸 倒 引 当 金　　　500
   ＊　100,000 円× 2％＝ 2,000 円
   　　2,000 円－ 1,500 円＝ 500 円
2. （借）貸 倒 引 当 金　　　500　（貸）貸倒引当金戻入　　　500 *
   ＊　100,000 円× 2％＝ 2,000 円
   　　2,000 円－ 2,500 円＝△ 500 円
3. （借）貸 倒 引 当 金　　2,000　（貸）売 　掛　 金　　3,000
   　　　貸 倒 損 失　　1,000 *
   ＊　3,000 円－ 2,000 円＝ 1,000 円
4. （借）貸 倒 損 失　　1,000　（貸）売 　掛　 金　　1,000
5. （借）当 座 預 金　　20,000　（貸）償却債権取立益　　20,000

基本問題㉕　費用と収益の期末調整

問題…P228

1．（借）前 払 家 賃　18,000　（貸）支 払 家 賃　18,000
2．（借）受 取 家 賃　4,000　（貸）前 受 家 賃　4,000
3．（借）支 払 地 代　20,000　（貸）未 払 地 代　20,000
4．（借）未 収 家 賃　50,000　（貸）受 取 家 賃　50,000
5．（借）前 払 保 険 料　48,000　（貸）保 　険 　料　48,000 *1
6．（借）受 取 地 代　9,000 *2　（貸）前 受 地 代　9,000
7．（借）支 払 利 息　1,500 *3　（貸）未 払 利 息　1,500
8．（借）未 収 利 息　4,840　（貸）受 取 利 息　4,840 *4

$$*1 \quad 72,000 円 \times \frac{4\,か月}{6\,か月} = 48,000 円$$

$$*2 \quad 10,800 円 \times \frac{5\,か月}{6\,か月} = 9,000 円$$

$$*3 \quad 200,000 円 \times 3\% \times \frac{3\,か月}{12\,か月} = 1,500 円$$

$$*4 \quad 730,000 円 \times 2\% \times \frac{121\,日}{365\,日} = 4,840 円$$

基本問題㉖　再振替仕訳

問題…P232

1．（借）支 払 家 賃　18,000　（貸）前 払 家 賃　18,000
2．（借）前 受 家 賃　4,000　（貸）受 取 家 賃　4,000
3．（借）未 払 地 代　20,000　（貸）支 払 地 代　20,000
4．（借）受 取 地 代　50,000　（貸）未 収 地 代　50,000
5．（借）租 税 公 課　4,800　（貸）貯 蔵 品　4,800

基本問題㉗ 精算表の作成／精算表の記入方法　問題…P236

精　算　表

勘 定 科 目	残高試算表 借方	残高試算表 貸方	修 正 記 入 借方	修 正 記 入 貸方	損益計算書 借方	損益計算書 貸方	貸借対照表 借方	貸借対照表 貸方
現　　　　　金	38,000						38,000	
当 座 預 金	93,000						93,000	
売　掛　　金	80,000						80,000	
繰 越 商 品	25,000		30,000	25,000			30,000	
建　　　　物	200,000						200,000	
貸　付　　金	150,000						150,000	
買　掛　　金		23,000						23,000
貸 倒 引 当 金		1,000		1,400				2,400
建物減価償却累計額		27,000		9,000				36,000
資　本　　金		400,000						400,000
繰越利益剰余金		100,000						100,000
売　　　　上		320,000				320,000		
受 取 利 息		9,000		3,000		12,000		
仕　　　　入	240,000		25,000	30,000	235,000			
給　　　　料	36,000				36,000			
支 払 家 賃	18,000		6,000		24,000			
	880,000	880,000						
貸倒引当金繰入			1,400		1,400			
減 価 償 却 費			9,000		9,000			
未 収 利 息			3,000				3,000	
未 払 家 賃				6,000				6,000
当 期 純 利 益					26,600			26,600
			74,400	74,400	332,000	332,000	594,000	594,000

基本問題㉘　精算表の作成／修正記入

問題…P237

精算表

勘定科目	残高試算表 借方	残高試算表 貸方	修正記入 借方	修正記入 貸方	損益計算書 借方	損益計算書 貸方	貸借対照表 借方	貸借対照表 貸方
⋮								
繰 越 商 品	5,000		6,000	5,000			6,000	
⋮								
建物減価償却累計額		7,000		3,000				10,000
⋮								
仕　　　　入	120,000		5,000	6,000	119,000			
⋮								
通　信　費	12,000			3,000	9,000			
	××	××						
(減価償却費)			3,000		3,000			
(貯　蔵　品)			3,000				3,000	

基本問題㉙　精算表の作成／まとめ

問題…P238

精　算　表

勘　定　科　目	残高試算表 借方	残高試算表 貸方	修　正　記　入 借方	修　正　記　入 貸方	損益計算書 借方	損益計算書 貸方	貸借対照表 借方	貸借対照表 貸方
現　　　　　金	32,000						32,000	
当　座　預　金		118,000	118,000					
売　　掛　　金	300,000						300,000	
繰　越　商　品	43,000		32,000	43,000			32,000	
建　　　　　物	450,000						450,000	
買　　掛　　金		43,500						43,500
貸　倒　引　当　金		1,500		4,500				6,000
建物減価償却累計額		30,000		15,000				45,000
借　　入　　金		82,000		118,000				200,000
資　　本　　金		300,000						300,000
繰越利益剰余金		100,000						100,000
売　　　　　上		320,000				320,000		
仕　　　　　入	140,000		43,000	32,000	151,000			
保　　険　　料	30,000			15,000	15,000			
	995,000	995,000						
貸倒引当金繰入			4,500		4,500			
減　価　償　却　費			15,000		15,000			
前　払　保　険　料			15,000				15,000	
当　期　純　利　益					134,500			134,500
			227,500	227,500	320,000	320,000	829,000	829,000

1．(借) 貸倒引当金繰入　　4,500 * (貸) 貸 倒 引 当 金　　4,500
　　＊　300,000円 × 2％ ＝ 6,000円 (貸倒引当金設定額)
　　　　6,000円 － 1,500円 ＝ 4,500円 (貸倒引当金繰入)

2．(借) 当 座 預 金 118,000　(貸) 借　　入　　金 118,000

3．(借) 仕　　　　　入 43,000　(貸) 繰 越 商 品 43,000
　　(借) 繰 越 商 品 32,000　(貸) 仕　　　　　入 32,000

4．(借) 減 価 償 却 費 15,000 * (貸) 建物減価償却累計額 15,000
　　＊　450,000円 ÷ 30年 ＝ 15,000円

5．(借) 前 払 保 険 料 15,000 * (貸) 保　　険　　料 15,000
　　＊　30,000円 × $\dfrac{6か月}{12か月}$ ＝ 15,000円

323

基本問題㉚　貸借対照表と損益計算書の作成I　　問題…P248

損 益 計 算 書
×5年4月1日から×6年3月31日まで

費　　用	金　　額	収　　益	金　　額
(売 上 原 価)	(　625,000)	(売　上　高)	(　940,000)
給　　料	(　134,000)		
広 告 宣 伝 費	(　41,370)		
保　険　料	(　8,600)		
貸倒引当金繰入	(　4,230)		
減 価 償 却 費	(　14,600)		
支 払 利 息	(　2,100)		
(当 期 純 利 益)	(　110,100)		
	(　940,000)		(　940,000)

貸 借 対 照 表
×6年3月31日

資　　産	金　　額		負債及び純資産	金　　額
現　　金		(　41,500)	支 払 手 形	(　45,200)
当 座 預 金		(　65,550)	買　掛　金	(　46,000)
売　掛　金	(150,000)		未 払 費 用	(　300)
(貸倒引当金)	(　7,500)	(142,500)	借　入　金	(　80,000)
(商　　　品)		(132,050)	資　本　金	(200,000)
(前 払 費 用)		(　1,000)	(繰越利益剰余金)	(160,100)
建　　物	(180,000)			
(減価償却累計額)	(　31,000)	(149,000)		
		(531,600)		(531,600)

324

基本問題㉛　貸借対照表と損益計算書の作成Ⅱ　問題…P250

損 益 計 算 書
×8年4月1日から×9年3月31日

費　　　　　用	金　　　額	収　　　　益	金　　　額
(売 上 原 価)	(3,101,000)	売　上　高	(4,350,000)
給　　　　料	(325,000)		
旅 費 交 通 費	(169,000)		
貸倒引当金繰入	(1,200)		
減 価 償 却 費	(50,000)		
水 道 光 熱 費	(51,000)		
通　信　費	(40,000)		
保　険　料	(26,250)		
(当 期 純 利 益)	(586,550)		
	(4,350,000)		(4,350,000)

貸 借 対 照 表
×9年3月31日

資　　　　産	金　　　額		負債及び純資産	金　　　額
現　　　　金		(157,000)	買　掛　金	(121,000)
普 通 預 金		(1,211,000)	資　本　金	(1,750,000)
売　掛　金	(210,000)		(繰越利益剰余金)	(789,550)
(貸 倒 引 当 金)	(4,200)	(205,800)		
(商　　　品)		(178,000)		
(前 払 費 用)		(8,750)		
建　　　　物	(1,500,000)			
減価償却累計額	(600,000)	(900,000)		
		(2,660,550)		(2,660,550)

1．(借) 仮　受　金　23,000　(貸) 売　掛　金　23,000
2．(借) 仕　　　入　149,000　(貸) 繰 越 商 品　149,000
　　(借) 繰 越 商 品　178,000　(貸) 仕　　　入　178,000
3．(借) 貸倒引当金繰入　1,200　(貸) 貸 倒 引 当 金　1,200
4．(借) 減 価 償 却 費　50,000　(貸) 減価償却累計額　50,000
5．(借) 前 払 保 険 料　8,750 *　(貸) 保　険　料　8,750

$$* \quad 35,000円 \times \frac{4か月}{16か月} = 8,750円$$

基本問題㉜　月次決算　　　問題…P253

1.（借）減 価 償 却 費　　14,700　（貸）備品減価償却累計額　14,700
2.（借）減 価 償 却 費　　17,500 *（貸）備品減価償却累計額　17,500

＊　14,700 円× 11 か月＝ 161,700 円

179,200 円－ 161,700 円＝ 17,500 円

基本問題㉝　仕訳帳と総勘定元帳　　　問題…P263

総 勘 定 元 帳

現　　　　金　　　　1

×6年		摘　　　　要	仕丁	借　　方	×6年		摘　　　　要	仕丁	貸　　方
7	19	売　　　　上	1	50,000					

売　掛　金　　　　4

×6年		摘　　　　要	仕丁	借　　方	×6年		摘　　　　要	仕丁	貸　　方
7	19	売　　　　上	1	100,000					

仕　　　　入　　　　15

×6年		摘　　　　要	仕丁	借　　方	×6年		摘　　　　要	仕丁	貸　　方
7	5	買　掛　金	1	80,000					

売　　　　上　　　　16

×6年		摘　　　　要	仕丁	借　　方	×6年		摘　　　　要	仕丁	貸　　方
					7	19	諸　　　口	1	150,000

買　掛　金　　　　20

×6年		摘　　　　要	仕丁	借　　方	×6年		摘　　　　要	仕丁	貸　　方
					7	5	仕　　　入	1	80,000

基本問題㉞　小口現金出納帳

問題…P272

(1)
8月1日
(借) 小 口 現 金　20,000　(貸) 当 座 預 金　20,000

8月5日
(借) 通　信　費　2,000　(貸) 小 口 現 金　11,500
　　消 耗 品 費　1,500
　　雑　　　　費　3,000
　　旅 費 交 通 費　5,000

8月8日
(借) 小 口 現 金　11,500　(貸) 当 座 預 金　11,500

翌週のはじめに補給が行われています。

(2)

小口現金出納帳

受　入	×3年		摘　　要	支　払	内　訳 交通費	通信費	消耗品費	雑　費
20,000	8	1	小 切 手					
		2	切 手 代	2,000		2,000		
		3	文房具代	1,500			1,500	
		4	茶 菓 代	3,000				3,000
		5	電 車 代	5,000	5,000			
			合　　計	11,500	5,000	2,000	1,500	3,000
11,500		5	小 切 手					
		〃	次週繰越	20,000				
31,500				31,500				
20,000	8	8	前週繰越					

今週末に、報告と同時に補給が行われています。

基本問題㉟　仕入帳と売上帳

問題…P280

仕　入　帳

×1年		摘　　　要		内　訳	金　　額
1	10	京都商店	掛		(210,000)
		A商品　(700)個　@(300)円			
	23	**京都商店**	**掛返品**		(15,000)
		A商品　(50)個　@(300)円			
	31	(総 仕 入 高)			(210,000)
	〃	(仕入戻し高)			(15,000)
		(純 仕 入 高)			(195,000)

売　上　帳

×1年		摘　　　要		内　訳	金　　額
1	14	滋賀商店	掛		(250,000)
		A商品　(500)個　@(500)円			
	27	**滋賀商店**	**掛返品**		(5,000)
		A商品　(10)個　@(500)円			
	31	(総 売 上 高)			(250,000)
	〃	(売上戻り高)			(5,000)
		(純 売 上 高)			(245,000)

328

基本問題㊱ 商品有高帳

問題···P281

商　品　有　高　帳
B　商　品

×1年		摘　要	受　入			払　出			残　高		
			数量	単価	金額	数量	単価	金額	数量	単価	金額
5	1	前月繰越	30	200	6,000				30	200	6,000
	5	仕　　入	20	225	4,500				50	210*¹	10,500
	15	売　　上				35	210	7,350	15	210	3,150
	20	仕　　入	45	230	10,350				60	225*²	13,500
	22	仕入戻し				10	230*³	2,300	50	224*⁴	11,200
	30	売　　上				30	224	6,720	20	224	4,480
	31	**次月繰越**				**20**	**224**	**4,480**			
			95		20,850	95		20,850			
6	1	前月繰越	20	224	4,480						

*1　$\dfrac{6,000\,円 + 4,500\,円}{30\,個 + 20\,個} = @\,210\,円$

*2　$\dfrac{3,150\,円 + 10,350\,円}{15\,個 + 45\,個} = @\,225\,円$

*3　20日に仕入れた商品（原価@ 230 円）の返品

*4　$\dfrac{13,500\,円 - 2,300\,円}{60\,個 - 10\,個} = @\,224\,円$

基本問題㊲　売掛金元帳

問題…P285

総　勘　定　元　帳

売　掛　金

8/1	前月繰越	[625,000]	8/17	(売　上)	[65,000]
8/9	(売　上)	[458,000]	8/25	(現　金)	[573,000]
8/14	(売　上)	[711,000]	8/30	(受取手形)	[395,000]
			8/31	次月繰越	[761,000]
		[1,794,000]			[1,794,000]

基本問題㊳　受取手形記入帳

問題…P288

1月5日

(借) 受取手形	30,000	(貸) 売　上	30,000

3月31日

(借) 当座預金	30,000	(貸) 受取手形	30,000

4月1日

(借) 受取手形	40,000	(貸) 売掛金	40,000

基本問題㊴　支払手形記入帳

問題…P288

5月1日

(借) 仕　入	20,000	(貸) 支払手形	20,000

7月20日

(借) 買掛金	25,000	(貸) 支払手形	25,000

9月30日

(借) 支払手形	20,000	(貸) 当座預金	20,000

基本問題⑩　固定資産台帳

備　　品

日	付	摘要	借方	日	付	摘要	貸方
X4	4	1	前期繰越	800,000	X5	3	31	次期繰越	1,550,000
X4	10	1	当座預金	750,000					
			1,550,000				1,550,000

備品減価償却累計額

日	付	摘要	借方	日	付	摘要	貸方
X5	3	31	次期繰越	475,000	X4	4	1	前期繰越	300,000
					X5	3	31	減価償却費	175,000
			475,000					475,000

備品γは×4年10月1日に取得しているので、当期から減価償却をしています。

基本問題㊶　補助簿の選択

補助簿＼取引	現金出納帳	当座預金出納帳	商品有高帳	売掛金元帳(得意先元帳)	買掛金元帳(仕入先元帳)	仕入帳	売上帳	固定資産台帳	該当なし
1.			○			○			
2.			○	○			○		
3.									○
4.		○						○	
5.			○			○			

1. （借）仕　　　　入　　　510,000　　（貸）支　払　手　形　　　510,000
2. （借）売　　　　上　　　　36,000　　（貸）売　　掛　　金　　　　36,000
3. （借）貸倒引当金繰入　　　 1,500[*1]　（貸）貸　倒　引　当　金　　　 1,500
4. （借）建　　　　物　　2,000,000　　（貸）仮　　払　　金　　　500,000
　　　　　　　　　　　　　　　　　　　　　　当　座　預　金　　1,500,000[*2]
5. （借）仕　　　　入　　　　 7,000　　（貸）現　金　過　不　足　　　 7,000

*1　2,400円 − 900円 = 1,500円

*2　2,000,000円 − 500,000円 = 1,500,000円

基本問題㊷　伝票会計

問題…P305

仕 訳 日 計 表
×1年6月1日

借　　方	元丁	勘　定　科　目	元丁	貸　　方
5,500		現　　　　　金		3,000
8,000		売　　掛　　金		1,500
1,000		買　　掛　　金		5,500
		売　　　　　上		12,000
7,500		仕　　　　　入		
22,000				22,000

入金伝票

（借）現　　　金　　4,000　　（貸）売　　　上　　4,000
（借）現　　　金　　1,500　　（貸）売　掛　金　　1,500

出金伝票

（借）仕　　　入　　2,000　　（貸）現　　　金　　2,000
（借）買　掛　金　　1,000　　（貸）現　　　金　　1,000

振替伝票

（借）売　掛　金　　8,000　　（貸）売　　　上　　8,000
（借）仕　　　入　　5,500　　（貸）買　掛　金　　5,500

332

コラム 「やってみよう財務分析」

　P.324 の会社をＡ社とし、P325 の会社をＢ社として、どちらがいい会社かを、損益計算書と貸借対照表を使って比べてみましょう (Ａ社とＢ社は同業者だとします)。

1. (売上) 原価率：売上原価／売上高 ×100(％)
　Ａ社：625,000 ／ 940,000×100(％) ≒　66.5%　　⇒総利益率 33.5%
　Ｂ社：3,101,000 ／ 4,350,000×100(％) ≒　71.3%　⇒総利益率 28.7%
　売上原価率では、Ａ社の方が 4.8％優れており、Ｂ社に比べて商品力の強い商品を持っているということがわかります。

2. 純利益率：当期純利益／売上高 ×100(％)
　Ａ社：110,100 ／ 940,000×100(％) ≒　11.7%
　Ｂ社：586,550 ／ 4,350,000×100(％) ≒　13.5%
　純利益率では、Ｂ社の方が 1.8％優れており、Ａ社に比べて結果的に利益を残せていることがわかります。

3. 純資産比率：純資産／資産合計 ×100(％)
　Ａ社：(200,000 ＋ 160,100) ／ 531,600×100(％) ≒　67.7%
　Ｂ社：(1,750,000 ＋ 789,550) ／ 2,660,550×100(％) ≒　95.5%
　日本の平均的な純資産の比率は 40％強くらいだと言われているので、Ａ社が決して低いわけではないのですが、Ｂ社の割合が高く、Ｂ社の会社としての安定度は抜群であると言えます。

＜Ａ社の戦略＞　コスト削減戦略
　Ａ社としては、総利益率で 4.8％勝っていながら、純利益率では1.8％差で負けているので、この間のコストに何らかのムダがあると考えられます。このコストを削減したうえで、会社の規模を大きくしていく戦略をとるべきでしょう。

＜Ｂ社の戦略＞商品開発戦略
　Ｂ社としては、まず商品力でＡ社に追いつく必要があるでしょう。
　そのためには、豊富な資金を活用して設備などに投資し、商品の改良や利益率の高い商品の開発を行うことになるでしょう。

　財務分析がわかれば、会社の良し悪しどころか会社の戦略も立てられるようになります。
　日商簿記２級まで学んだ後には、ぜひこの勉強をしておくようにしましょう。

さくいん

あ

預り金（負債）	149
一部振替取引	297
移動平均法	276
受取商品券（資産）	82
受取地代（収益）	57
受取手形（資産）	103
受取手形記入帳	286
受取手数料（収益）	43,56
受取家賃（収益）	56
受取利息（収益）	43,57,110
売上（収益）	72
売上原価	94
売上原価（費用）	97
売上帳	275
売掛金（資産）	73
売掛金元帳	282

か

買掛金（負債）	73
買掛金元帳	283
会計期間	11
貸方	30
貸倒損失（費用）	211
貸倒引当金（その他）	212
貸倒引当金繰入（費用）	212
貸倒引当金戻入（収益）	215
貸付金	52,109
貸付金（資産）	109
掛取引	73
借入金	45,109
借入金（負債）	109
仮受消費税（負債）	159
仮受金（負債）	144
借方	30

仮払金（資産）	144
仮払消費税（資産）	159
仮払法人税等（資産）	155
勘定	35
勘定科目	27
勘定口座	35
間接法	133
期首	21
期首商品棚卸高	97
期中	21
期末	21
期末商品棚卸高	97
給料（費用）	59,153
繰越商品（資産）	72
繰越利益剰余金（資本）	192
クレジット売掛金（資産）	84
決算	204
決算整理後残高試算表	241
決算整理事項	205
決算整理仕訳	205
決算整理前残高試算表	243
月次決算	252
減価償却	130
減価償却費（費用）	131
現金（資産）	43
現金過不足	165
現金過不足（その他）	166
現金出納帳	264
合計残高試算表	176
合計試算表	176
合計転記	300
広告宣伝費（費用）	60
購入代価	129
小口現金	266
小口現金（資産）	267
小口現金出納帳	266

固定資産 ……………………… 128	従業員立替金（資産）……………… 149
固定資産台帳 ……………………… 289	修繕費（費用）……………………… 139
固定資産売却益（収益）…………… 135	出金伝票 ……………………………… 295
固定資産売却損（費用）…………… 135	取得原価 ……………………………… 130
個別転記 ……………………………… 300	主要簿 ………………………………… 258
	償却債権取立益（収益）…………… 217

さ

財産法 ………………………………… 23	証ひょう ……………………………… 147
再振替仕訳 …………………………… 231	商品 …………………………………… 70
差額補充法 …………………………… 214	商品（資産）………………………… 70
先入先出法 …………………………… 276	商品有高帳 …………………………… 276
差入保証金（資産）………………… 189	商品売買益（収益）………………… 70
雑益（収益）………………………… 171	消耗品費（費用）………………64,66
雑損（費用）………………………… 168	諸会費（費用）……………………… 59
雑費（費用）……………………60,267	諸口 …………………………………… 37
残存価額 ……………………………… 130	所得税預り金（負債）……………… 151
残高試算表 …………………………… 176	仕訳 …………………………………… 26
三分法 ………………………………… 72	仕訳集計表 …………………………… 300
仕入（費用）………………………… 72	仕訳帳 ………………………………… 258
仕入先元帳 …………………………… 283	水道光熱費（費用）……………30,60
仕入諸掛り …………………………… 78	精算表 ………………………………… 233
仕入帳 ………………………………… 274	総勘定元帳 …………………………… 258
次期繰越 ……………………………… 195	租税公課（費用）…………………… 63
資産 …………………………………… 7	損益（その他）……………………… 193
試算表 ………………………………… 176	損益計算書 …………………………… 14
支払地代（費用）…………………… 60	損益法 ………………………………… 23
支払手形（負債）…………………… 103	損失 …………………………………… 19
支払手形記入帳 ……………………… 287	

た

支払手数料（費用）……………53,61,85	貸借対照表 …………………………… 10
支払家賃（費用）…………………… 60	耐用年数 ……………………………… 130
支払利息（費用）…………………… 110	立替金（資産）……………………78,149
資本 …………………………………… 9	建物（資産）………………………… 128
資本金（資本）……………………… 188	建物減価償却累計額（その他）………… 133
資本的支出 …………………………… 139	帳簿価額 ……………………………… 134
社会保険料預り金（負債）………… 151	帳簿の締切り ………………………… 192
車両運搬具（資産）………………… 128	貯蔵品（資産）……………………… 62
収益 …………………………………… 14	通貨代用証券 ………………………… 42
収益的支出 …………………………… 139	通信費（費用）……………………62,206
従業員預り金（負債）……………… 149	月割計算 ……………………………… 136
従業員貸付金（資産）……………… 117	定額資金前渡制 ……………………… 266

定額法	131
定期預金（資産）	46
訂正仕訳	182
手形	102
手形貸付金（資産）	114
手形借入金（負債）	115
転記	35
電子記録債権	119
電子記録債権（資産）	120
電子記録債務（負債）	120
伝票	294
当期	21
当期商品仕入高	97
当座借越（負債）	210
当座借越契約	208
当座預金（資産）	50
当座預金口座	48
当座預金出納帳	265
得意先元帳	282
土地（資産）	128
取引	26

な

名宛人	103
入金伝票	295

は

発送費（費用）	58,79
払出単価	276
販売諸掛り	78
備品（資産）	50,128
費用	16
評価勘定	29,134
表示科目	242
負債	8
付随費用	78,129
普通預金（資産）	45
振替え	97
振替伝票	295
振出人	103

分記法	70
法人税、住民税及び事業税（費用）	155
法人税等（費用）	155
法定福利費（費用）	152
保管費（費用）	58
保険料（費用）	60
補助記入帳	258
補助簿	258
補助元帳	258

ま

前受○○（負債）	222
前受金（負債）	81
前払○○（資産）	220
前払金（資産）	80
未収○○（資産）	226
未収入金（資産）	123
未払○○（負債）	224
未払金（負債）	123
未払配当金（負債）	199
未払消費税（負債）	161
未払法人税等（負債）	155

や

役員貸付金（資産）	116
役員借入金（負債）	117

ら

利益	18
利益準備金（資本）	199
旅費交通費（費用）	65

日商簿記3級の次は

日商簿記2級に挑戦してみよう！

日商簿記3級の学習を終えた皆さん、日商簿記2級の受験はお考えですか？
せっかく簿記の学習を始めたのであれば、ビジネスシーンにおいて更に役立つ知識が満載で、就転職の際の評価も高い日商簿記2級にも挑戦してみてはいかがでしょうか。

日商簿記2級の試験概要

試験科目	商業簿記・工業簿記
配　点	商業簿記60点・工業簿記40点の計100点満点
合格ライン	70点以上で合格
試験日程	(統一試験) 6月・11月・2月の年3回 (ネット試験) 随時
試験時間	90分

学習のポイント

✓ **新たに学ぶ工業簿記がカギ**
➡ 工業簿記は部分点を狙うよりも満点を狙うつもりで取り組むのが、2級合格への近道！

✓ **初めて見る問題に慌てない**
➡ 3級のときよりも、初めて出題される形式の問題が多いのも2級の特徴。慌てず解くためには、しっかりと基礎を理解しておくことも大切。

※ 試験の概要は変更となる可能性がございます。最新の情報は日本商工会議所・各地商工会議所の情報もご確認下さい。

日商簿記2級で学べること

商品売買業以外の企業で使える知識を身に付けたい	経済ニュースで目にする「M&A」や「子会社」って何？	仕事でコスト管理や販売計画に関する知識が必要だ
工業簿記・製造業の会計 / サービス業の会計	連結会計 / 会社の合併	損益分岐点(CVP)分析 / 原価差異分析

様々なビジネスシーンで役立つ内容を学ぶからこそ、日商簿記2級の合格者は高く評価されます。
最初のうちは大変かもしれませんが、簿記の知識をさらに活かすためにも、ぜひ挑戦してみましょう。

日商簿記2級の試験対策もネットスクールにおまかせ！

日商簿記2級合格のためには、「商業簿記」・「工業簿記」どちらの学習も必要です。また、1つひとつの内容が高度になり、暗記だけに頼った学習は難しくなっている傾向にあります。だからこそ、ネットスクールでは書籍もWEB講座も、しっかりと「理解できる」ことを最優先に、皆さんを合格までご案内します。

【書籍で学習】

分かりやすいテキストから予想模試まで豊富なラインナップ!!

新たな知識を身に付ける「テキスト」の他、持ち運びに便利な「仕訳集」、試験前の総仕上げにピッタリの「模擬試験問題集」まで、様々なラインナップをご用意しています。レベルや目的に合わせてご利用下さい。

【WEB講座で学習】

3級から進級の方は…
日商簿記2級 WEB講座標準コースがおススメ

試験範囲が広がり、より本質的な理解や思考力が問われるようになった日商簿記2級をさらに効率よく学習するには、講師のノウハウが映像・音声で吸収できるWEB講座がおススメです。

書籍の名称やデザイン、価格等は予告なく変更となる場合がございます。
書籍や講座の最新情報は弊社ホームページをご確認下さい。

ネットスクール 検索 今すぐアクセス！ **https://www.net-school.co.jp/**

90%の方から「受講してよかった」*との回答をいただきました。

*「WEB講座を受講してよかったか」という設問に0〜10の段階中6以上を付けた人の割合。

ネットスクールの日商簿記 WEB講座

ここが違う!

❶教材
分かりやすいと好評の『"とおる"シリーズ』を使っています。

❷どこでも学べるオンライン抗議
インターネット環境とパソコンやスマートフォン、タブレット端末があれば、学校に通わなくても受講できるほか、講義は全て録画されるので、期間内なら何度でも見直せます。

❸講師
圧倒的にわかりやすい。圧倒的に面白い。ネットスクールの講師は実力派揃い。その講義は群を抜くわかりやすさです。

受講生のアンケート回答結果

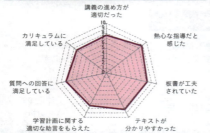

講師陣

 桑原知之講師
2級・3級担当

 藤本拓也講師
1級工原担当

 中村雄行講師
1級商会担当

 神原大二講師
1級工原担当

WEB講座の受講イメージ

スマートフォン・タブレット端末では、オンデマンド講義をダウンロードして持ち運ぶことも可能です。

❶ 講義画面
講義中に講師が映し出されます。臨場感あふれる画面です。

❷ チャット画面
講義中の講師に対してメッセージを書き込めます。「質問」はもちろんの事、「今のところもう一度説明して」等のご要望もOK!参加型の授業で習熟度がアップします。

❸ ホワイトボード画面
板書画面です。あらかじめ準備された「まとめ画面」や「テキスト画面」に講師が書き込みながら授業を進めます。画面はキャプチャができ、保存しておくことが可能です。

❹ 状況報告画面
講義中、まだ理解ができていない場合は「え?」。理解した場合は「うん」を押していただくと、講師に状況を伝えられます。

※ ❷・❹の機能はライブ配信限定の機能となります。

WEB 講座の最新情報とお問い合わせ・お申し込みは
ネットスクール簿記 WEB 講座 フリーコール **0120-979-919** (平日 10:00〜18:00)
ネットスクール 検索 今すぐアクセス!
https://www.net-school.co.jp/